Rodulfo González

EL BOLERO EN AMÉRICA LATINA

Isla de Margarita, Venezuela,
Diciembre de 2019

Publicado por primera vez por Aussie Trading 2019
Copyright © 2019 por Rodulfo González
Reservados todos los derechos.
Ninguna parte de esta publicación puede ser reproducida, almacenada o transmitida en cualquier forma o por cualquier medio, electrónico, mecánico, fotocopiar, grabar, escanear o de otro modo sin permiso por escrito del editor. Es ilegal copiar este libro, publicarlo en un sitio web o distribuirlo por cualquier otro medio sin permiso.
Rodulfo González no tiene ninguna responsabilidad por la persistencia o exactitud de URL de sitios web de Internet externos o de terceros a los que se hace referencia en esta publicación y no garantiza que el contenido de dichos sitios web sea, o permanecerá, exacta o apropiada.
Las denominaciones utilizadas por las empresas para distinguir sus productos suelen ser reclamados como marcas comerciales. Todas las marcas y nombres de productos utilizados en este libro y en su portada, nombres comerciales, marcas de servicio, marcas registradas son marcas registradas de sus respectivos propietarios. Los editores y el libro no están asociados con ningún producto o proveedor mencionado en este libro. Ninguna de las empresas u organizaciones a las que se hace referencia en el libro lo han respaldado.
Catálogo de la Biblioteca del Congreso
Nombre: Rodulfo González, 1935-
ISBN: 979-8-6165-9612-3 (paperback)
ISBN: 979-8-3304-6299-5 (e-book)
ISBN: 979-8-3304-6298-8 (hardcover)
Primera edición
Diagramación de Juan Rodulfo
Arte de portada por Guaripete Solutions
Producción: CENTRO DE INVESTIGACIONES CULTURALES DEL ESTADO NUEVA ESPARTA (CICUNE)
cicune@gmail.com
Impreso en EE. UU.

ÍNDICE

I. EL AUTOR	9
II. PROEMIO	17
III. CUBA	21
III.2. Benny Moré	22
III.3 Orlando Contreras	23
III.4 Celia Cruz	24
III.5 La Sonora Matancera	25
III.6. Trío La Rosa	26
III.8. Miguel Matamoros	28
III.9. Barbarito Diez	29
III.10. Rolando Laserie	30
III.11. Antonio Machín	30
III.12 Omara Portuondo	32
III.13. Elena Burke	33
III.14. Pedro Junco Jr.	34
III.15. César Portillo de la Luz	34
III.16. José Antonio Méndez García	35
III.17. Frank Domínguez	36
III.18. Ernesto Lecuona	37
III.19. Gonzalo Roig	38
III.20. Rodrigo Prats	39
IV. COSTA RICA	41
IV.2. Francisco "Kiko" Barahona	41
IV.3. Otto Vargas	42
IV.5. Jorge Duarte	44
IV.6. Los 8 grandes boleros costarricenses	44
V. ECUADOR	47
V.1. Julio Jaramillo	47
V.2. Olimpo Cárdenas	48
V.3. Segundo Bautista	48

V.4. Lucho Bowen 49
V.5. Julio César Villafuerte 49

VI. BOLIVIA 51

VI.2. Los Genios 52

VII. BRASIL 55

VII.1. Altemar Dutra 55
VII.2. Miltinho 56
VII.3. Roberto Carlos 56
VII.4. Simone 57
VII.6. Chico Buarque 57
VII.7. Lindomar Castilho 58
VII.8. Los Indios Tabajaras 58
VII.10. Nana Caymmi 59
VII.11. Orquesta Serenata Tropical 60
VII.12. Románticos de Cuba 60

VIII. COLOMBIA 63

VIII.1. Charlie Zaa 63
VIII.2. Faustino Arias 63
VIII.3. José Barros 64
VIII.4. Santander Díaz 65
VIII.5. Rafael Mejía 65
VIII.6. Lucho Bermúdez 66
VIII.7. Jaime R. Echavarría 66
VIII.8. Jorge Añez 66
VIII.10 Nelson Pinedo 67
VIII.11. Álvaro Dalmar 68
VIII.12. Oscar Fajardo 69
VIII.13. Veinte 69
VIII.14. Claudia de Colombia 69
VIII.15. Tito Cortez 70

IX. REPÚBLICA DOMINICANA. 71

IX.1. Alberto Beltrán 71

    IX.2. Rafael Bullumba Landestoy 72
    IX.3. Papá Molina 72
    IX. 4. Mario de Jesús 73
    IX.5. Héctor Acosta 74
    IX.6. Jackeline Estévez 74
    IX.7. Francis Santana 75
    IX.8. Luis Kalaff 75
    IX.9. Lope Balaguer 76

X. PANAMÁ **79**
    X.1. Ricardo Fábrega 79
    X.2. Carlos Eleta Almarán 79
    X.3. Arturo "Chino" Hassan 79
    X.4. Martina Andrión 80
    X.5. Rubén Blades 80
    X.6. Avelino Muñoz 80

XI. NICARAGUA **83**
    XI.1. Rafael Gastón Pérez 83
    XI.2. Danny Tercero 84
    XI.3. Primer Festival Internacional del Bolero 84

XII. PARAGUAY **87**
    XII.1. Clásicos boleros suenan hoy en el Teatro Municipal 87
    XII.2. Los Tres Sudamericanos 88

XIII. EL SALVADOR **89**

XIV. CHILE **91**
    XIV.1. Ginette Acevedo 91
    XIV.2. Lucho Gatica 92
    XIV.3. Palmenia Pizarro 92

XV.   PERÚ **97**
    XV.3. Lucho Barrios 98
    XV.5. Los Hermanos Castro 101
    XV.6. Johnny Farfán 101

- XV.7. Iván Cruz 102
- XV.8. Gaby Zevallos 102
- XV.9. Guiller 103

XVI. ARGENTINA 105
- XVI.2. Manuela Bravo 106
- XVI.3. Horacio Casares 106
- XVI.5 Alberto Cortez 107
- XVI.6. Leo Marini 108
- XVI.7. Chico Novarro 109
- XVI.8. Eduardo Farrel 110
- XVI.9. Raúl Carrell 110
- XVI.11. Daniel Riolobos 112
- XVI.12. Elio Roca 112
- XVI.13. Sandro 113
- XVI.14. Roberto Yanés 114

XVII. PUERTO RICO 117
- XVII.1. Johnny Albino 117
- XVII.2. Chucho Avellanet 117
- XVII.4. Bobby Capó 119
- XVII.5. Cheo Feliciano 119
- XVII.9. Carmen Delia Dipiní 122
- XVII.10. Virginia López 123
- XVII.11. Rafael Hernández 123
- XVII.12. Pedro Flores 124
- XVII.13. Tito Rodríguez 125
- XVII.14. José Feliciano 126
- XVII.15. Danny Rivera 127
- XVII.17. Los tríos 128

XVIII. GUATEMALA 131
- XVIII.2. Una tarde de tríos y boleros 133
- XVIII.3. Concierto de Boleros con el Coro Nacional de Guatemala y el Trío Los Príncipes 133
- XVIII.4. Ricardo Arjona 134

XIX. MÉXICO 137

    XIX.3. Pedro Vargas 139
    XIX.4. Toña La Negra 139
    XIX.5. María Victoria 140
    XIX.10. Alfonso Ortiz Tirado 143
    XIX.11. Juan Gabriel 144
    XIX.12. Ana Gabriel 145
    XIX.13. Javier Solís 146
    XIX.14. María Grever 146
    XIX.15. Néstor Chayres 147
    XIX.17. Chucho Martínez Gil 149
    XIX.19. Vicente Fernández 150
    XIX.21. Gabriel Ruiz Galindo 152
    XIX.22. Manuel Esperón 153

XX. VENEZUELA 157

    XX.1. Lorenzo Herrera 157
    XX.2. Alfredo Sadel 158
    XX.3. Elisa Soteldo 159
    XX.4. Mirla Castellanos 160
    XX.5. Graciela Naranjo 161
    XX.6. Conny Méndez 162
    XX.7. Rafa Galindo 163
    XX.8. Rosalinda García 163
    XX.9. Eduardo Lanz 164
    XX.10. Guillermo Castillo Bustamante 165
    XX.11. María Luisa Escobar 166
    XX.12. Felipe Pirela 167
    XX.13. Luis Cruz 168
    XX.15. Ítalo Pizzolante 171
    XX.16. René Rojas 171
    XX.17. Héctor Cabrera 172
    XX.18. Marco Tulio Maristany 173
    XX.19. Mario Suárez 174
    XX.20. Rosa Virginia Chacín 175

XX.21. María Teresa Chacín 176
XX.22. Estelita del Llano 176
XX.23. José Luis Rodríguez 177

REFERENCIAS 179

I. EL AUTOR

Eladio Rodulfo González, quien firma su obra en prosa o en verso con los dos apellidos, nació en el caserío Marabal, convertido después en parroquia homónima del Municipio Mariño, Estado Sucre, Venezuela.

Su nacimiento se produjo el 18 de febrero de 1935. Es licenciado en Periodismo de la Universidad Central de Venezuela, trabajador social, poeta e investigador cultural.

En los primeros años de su vida fue dependiente en la bodega del padre, obrero petrolero de la empresa Creole Petroleum Corporation en Lagunillas, Estado Zulia, localidad donde inició el bachillerato en el Colegio Santa Rosa de Lima, que continuó en los liceos Alcázar y Juan Vicente González y la Escuela Nacional de Trabajo Social, ambas instituciones situadas en Caracas. También fue cofundador de la División de Menores del extinto Cuerpo Técnico de Policía Judicial y de la Seccional Nueva Esparta del Colegio Nacional de Periodistas, donde integró el directorio en varias secretarías y además presidió el Instituto de Previsión Social del Periodista.

En la extinta Escuela de Periodismo de la Universidad Central de Venezuela, transformada en Escuela de Comunicación Social después, el 9 de octubre de 1969 obtuvo el título de licenciado en Periodismo. Más tarde realizó un posgrado en Administración Pública, mención Organización y Métodos, y un curso de Investigación de Investigación Cultural. Asimismo, hizo cursos policiales en Washington, D.C. y en Fort Bragg, Carolina del Norte.

En formato digital ha publicado los libros:
- Dos localidades del Estado Sucre

- Textos Periodísticos Escogidos
- Textos Periodísticos Escogidos 2
- El Municipio Marcano del Estado Nueva Esparta
- Patrimonio Cultural Mariñense
- Cristo en la devoción religiosa católica neoespartana
- Festividades Patronales Mariñenses
- La Niña de Marabal
- La Quema de Judas en Venezuela
- La libertad de prensa en Venezuela
- Poesía Política
- El Municipio Gómez del Estado Nueva Esparta
- Elegía a mi hermana Alcides
- Cien Sonetillos
- La Niña de Marabal
- Cuatro periodistas margariteños
- La historia de Acción Democrática en tres reportajes periodísticos
- Festividades patronales del Municipio Antolín del Campo
- La Virgen María en la devoción religiosa de Margarita y Coche
- Festividades patronales del Municipio García del Estado Nueva Esparta, Venezuela.
- Festividades patronales del Estado Nueva Esparta.
- Mosaicos Líricos.
- Nuestra Señora de Los Ángeles, patrona de Los Millanes.
- La Hemeroteca Loca (Serie de 7 Tomos).
- La guerra del dictador Nicolás Maduro, contra comunicadores sociales y medios desde enero hasta mayo de 2018.
- Alegría y tristeza.
- La Quema del Año Viejo en América Latina.
- La Quema de Judas en Venezuela, 2013-2014.
- La Quema de Judas en Venezuela 2015.
- La Quema de Judas en Venezuela.

- Covacha de sueños.
- ¡Cómo dueles, Venezuela!
- Encuentros y desencuentros.
- Ofrenda lírica a Briceida.
- Catorce años de periodismo margariteño.
- Guarumal.
- Primera Antología de poemas comentados y destacados.
- Segunda Antología de poemas comentados y destacados.
- Tercera Antología de poemas comentados y destacados.
- Cuarta Antología de poemas comentados y destacados.
- Brevedades líricas.
- Grandes compositores y compositoras del bolero.
- Grandes intérpretes del bolero.
- La guerra asimétrica del dictador Hugo Chávez contra comunicadores sociales y medios desde 1999 hasta 2003 (2004 – 2005 – 2006- 2007 -2008 y 2009).
- Poemas disparatados.
- Gobernadores contemporáneos del Estado Nueva Esparta.

Entre sus publicaciones en papel se cuentan:
Poesía:
- Antología Poética.
- Elegía a Juan Ramón Jiménez, ganador de un premio nacional de poesía convocado por el Liceo Andrés Bello, de Caracas
- Covacha de sueños.
- ¡Cómo dueles, Venezuela!
- A Briceida en Australia (tríptico).
- Elevación (tríptico).
- Divagaciones (tríptico).
- Nostalgia (tríptico).
- Entre sueños.
- Mosaicos Líricos.

- Elegía a mi hermana Alcides.
- Cien sonetillos.
- Alegría y tristeza.
- Encuentros y Extravíos.
- Ofrenda Lírica a Briceida.
- Guarumal.
- Marabal de mis amores
- Primera Antología de poemas comentados y destacados.
- Segunda Antología de poemas comentados y destacados.
- Tercera Antología de poemas comentados y destacados.
- Brevedades Líricas.
- Cuarta Antología de poemas comentados y destacados.
- Poemas disparatados.
- La niña de Marabal.
- La niña de El Samán.
- Añoranza y otros poemas escogidos.
- Incógnita.
- Noche y otros poemas breves.
- Mis mejores poemas.
- Cuitas a la amada.
- Colorido
- Poesía Política.
- Poemas Políticos.

Investigación Cultural:

- El Gallo en el Arte, la Literatura y la Cultura Popular.
- Pelea de Gallos, Patrimonio Cultural Mariñense.
- Nuestra Señora de Los Ángeles, patrona de Los Millanes.
- La Virgen María en la devoción religiosa de Margarita y Coche.
- Cristo en la devoción religiosa católica neoespartana.
- Festividades patronales Mariñenses.

- Festividades patronales del Municipio Villalba.
- Festividades patronales del Municipio Antolín del Campo.
- Festividades patronales del Municipio García del Estado Nueva Esparta, Venezuela
- Háblame de Pedro Luís.
- Siempre Narváez.
- Estado Nueva Esparta: 1990-1994.
- Caracas sí es gobernable.
- Colaboradores y colaboradoras del gobernador.
- Gobernadores contemporáneos del Estado Nueva Esparta.
- Carlos Mata: Luchador Social.
- Morel: Política y Gobierno.
- Así se transformó Margarita.
- Margarita y sus personajes (cinco volúmenes).
- Vida y Obra de Jesús Manuel Subero.
- La Mujer Margariteña.
- Breviario Neoespartano.
- Margarita Moderna.
- Festividades Navideñas.
- Cuatro Periodistas Margariteños.
- Morel: Política y Gobierno.
- Manifestaciones Culturales Populares de la Isla de Coche.
- La Quema del Año Viejo en América Latina
- La Quema de Judas en Venezuela (2013-2018)
- Francisco Lárez Granado El Poeta del Mar.
- El Padre Gabriel.
- Manifestaciones Culturales Populares del Municipio Gómez.
- Manifestaciones Culturales Populares del Municipio Marcano.
- Festividades patronales del Estado Nueva Esparta.
- Dos Localidades del Estado Sucre.
- Hemeroteca: Periodismo Moderno neoespartano
- La Hemeroteca Loca (Serie de 7 Tomos)

- Nuestra Señora de los Ángeles patrona de Los Millanes
- El Bolero en Venezuela
- El Bolero en América Latina
- Grandes compositores del bolero
- Grandes intérpretes del bolero

Investigación Periodística:

- La desaparición de menores en Venezuela, citado por Julio Cortázar en La vuelta al día en 80 mundos.
- Niños Maltratados.
- Problemas Alimentarios del Menor Venezolano.
- La historia de Acción Democrática en tres reportajes periodísticos
- La guerra asimétrica del dictador Hugo Chávez contra comunicadores sociales y medios desde 1999 hasta 2003 (2004 – 2005 – 2006- 2007 -2008 y 2009).
- La guerra del dictador Nicolás Maduro contra comunicadores sociales y medios desde enero hasta mayo de 2018
- La libertad de prensa en Venezuela
- Textos periodísticos escogidos (2 vols.).
- Imprenta y Periodismo en Costa Rica
- Historia de los primeros periódicos de América Latina
- Rómulo Betancourt: Más de medio siglo de historia
- Catorce años de periodismo margariteño.
- El asesinato de Óscar Pérez
- El asesinato del Capitán de Corbeta Rafael Acosta Arévalo
- El asesinato de Fernando Albán
- El deterioro de la salud en el socialismo del siglo XXI
- Chávez no fue bolivariano
- Los ojos apagados de Rufo
- Los indígenas en el socialismo del siglo XXI

- La corrupción en el socialismo del siglo XXI (3 volúmenes)
- Los presos del narcodictador Nicolás Maduro (4 volúmenes)
- Morir en el socialismo del siglo XXI (5 volúmenes)
- La Barbarie Represiva de la Narcodictadura de Nicolás Maduro (5 Volúmenes)
- La Diáspora en el Socialismo del Siglo XXI, (5 Volúmenes)

En formato CD ha publicados los libros:

- La Libertad de Prensa en Latinoamérica y otros textos.
- Festividades Patronales Mariñenses.
- Elegía a mi Hermana Alcides.
- La Niña de El Samán.
- Marabal de Mis Amores.
- Festividades Patronales del Municipio Villalba y
- Festividades Patronales del Municipio Antolín del Campo.

Twitter: @mauritoydaniel

II. PROEMIO

Entre 1935 y 1965 el bolero dominó el espectro musical latinoamericano. Fue promovido primero por la radio y los programas en vivo, luego los discos de 78, 46 y 33 RPM[i] llamados acetatos; después el cine y finalmente la televisión.

Vino desde España hasta Cuba con unas características diferentes a las actuales y de allí pasó a México, que, por intermedio del acetato, primero, y luego a través de películas, a otros países latinoamericanos, especialmente República Dominicana, Venezuela y Puerto Rico.

En un principio el bolero tendría el acompañamiento musical de tríos de guitarras, cuartetos, quintetos y sextetos, luego el de las grandes orquestas tropicales como la Sonora Matancera en Cuba, la Billo's Caracas Boys en Venezuela y la Orquesta Rafael Muñoz, de Puerto Rico y por último las verdaderas orquestas sinfónicas.

Hay varios subgéneros del bolero, a saber: bolero rítmico, bolero cha-cha-cha, bolero mambola, bolero son, bolero vallenato, bolero ranchero, bolero cantinero, bachata, filin y bolero moruno, entre otros.

El bolero es el género musical popular que mejor expresa el romanticismo del pueblo latinoamericano. Sea para el amor o el desamor, el bolero sirve para expresar sentimientos con exactitud. Su culto en el continente llevó a que sea el único género con apodo: los locutores suelen llamarlo "**Su majestad**" o "**Señor bolero**". El bolero es un hijo musical de la contradanza española.

La boleróloga Tania Ruiz precisa que el bolero fue traído a América vía La Habana por músicos hispanos que interpretaban canciones flamencas y que progresivamente las fueron mezclando con ritmos africanos y sonidos autóctonos a los que llamaron habaneras, que reforzaron más tarde con la incorporación de los trovadores o cantores, llamados así porque interpretaban sus propias creaciones.

A su vez, Manuel Felipe Sierra sugiere en el prólogo que le hizo a la obra **Boleroterapia** (2003: P. 7), original de Humberto Márquez, que el bolero nació en 1883, cuando José Pepe Sánchez compuso "**Tristezas**" en Santiago de Cuba, convirtiéndose en una especie de padre del bolero, aunque su oficio era el de sastre.

Según esa fuente: *"De hecho, los más conspicuos representantes de la trova fueron los cubanos José (Pepe) Sánchez y Nicolás Camacho, se ocuparon de difundir el bolero allende los mares, a través de Yucatán, México, donde sembraron la pasión por ese estilo musical debido a las numerosas giras artísticas que efectuaron a finales del siglo XIX".*

Aldemaro Romero, por su parte, afirma que el bolero tuvo sus orígenes en España durante el siglo XVI.

Y aunque *"si bien es cierto que el bolero es de origen cubano, también lo es que su popularización a través de todo el Caribe y, más adelante, en toda América Latina, se debe a los mexicanos"*, pues: *"De hecho, el sentimiento que inspiraba fue sembrado en el alma azteca cuando los compositores Guty Cárdenas (1905-1932) y Agustín Lara (1900-1970) comenzaron a escribir sus bellísimas composiciones, que fueron interpretadas por Juan Arvizu, Pedro Vargas, Alfonso Ortiz Tirado y Néstor Chayres, quienes convierten el bolero en un estilo que se va a afianzar en toda Latinoamérica, hasta llegar a masificarse durante su Edad de Oro, que podría ubicarse entre 1925 y 1965."*

El 18 de agosto de 2013 José Fefo Pérez escribió respecto a la historia del bolero que ésta se pierde en el tiempo *"tan atrás como el 1792, pero no es hasta 1902 cuando aparece el bolero rítmico"*, que comienza *"su transformación"*.

Este autor reconoció que el bolero, efectivamente, *"Nació en Cuba tras lograr este país su independencia, precisamente en Santiago de Cuba, según algunos historiadores, con el bolero "**Tristezas**", de José Pepe Sánchez en el año 1886"*, de tal manera que *"Países como Puerto Rico, México, Venezuela, la Republica Dominicana y Colombia hicieron suyos el bolero logrando popularizarlo en toda la América Latina, lo que permitió la aparición de otros subgéneros de boleros"*.

Añadió el citado autor que *"En la primera mitad del siglo XX el bolero comienza su primer cambio significativo, las orquestas de bailes incluyen como parte del repertorio obligado el bolero"*, y *"obviamente comienza un nuevo reto para el arreglista musical dado la inclusión de instrumentos que hasta entonces eran utilizados solo en orquestas de cuerdas sinfónicas, porque hay que hacer una distinción, la charanga usa uno o dos violines y la flauta traversa, pero el bolero abre las plazas de las cuerdas llevándolas a tres o cuatro violines y se amplía la armonía con trompetas y saxofones y el trombón"*. Y observó: *"Importante es el hecho de que el bolero se sublimizó tanto que comenzaron a hacerse producciones en los teatros y salas de conciertos para presentar recitales exclusivamente de boleros"*.

Cabe señalar que, según algunos estudiosos, *"la muerte de Carlos Gardel en 1935 dejó al tango sin su más destacado intérprete e impulsó la expansión del bolero"*.

Si bien todos los estudiosos coinciden en señalar a España como la fuente del bolero, aunque se aposentó en toda América Latina éste comparte con el español solamente el nombre. Además, el bolero español se practicó en una región específica de España, mientras que el cubano se esparció por toda Latinoamérica.

¿Qué es un bolero?

Ignacio Veles Pareja en **"El Diván del Bolero"** señaló al respecto: "*Se dice que el bolero es una música y un verso derrotista, pesimista y que induce a la melancolía, pero esto es cierto en parte porque hay muchas clases de boleros: de exaltación, de búsquedas, reproches, melancolía inclusive cantos a ciudades y religiones*".

Y añadió: *"Como compositor yo puedo afirmar que, de cierta manera, salvo algunas excepciones, es muy difícil escribir un bolero o una poesía sin que exista una conexión con la historia que se cuenta"*. Aclaró, sin embargo, que *"hay muchos compositores que pueden escribir por encargo"*, pero *"el resultado final nunca es el mejor y en esas excepciones esta otro prolífico compositor puertorriqueño Tite Curet Alonso que tenía un talento asombroso para hacer este trabajo"*, del cual *"se dice que en ocasiones se le pedía componer un tema para X o Y cantante y en cuestión de un rato lo conseguía"*, En efecto, compuso

"**Anacaona**" para Cheo Feliciano, "**La Tirana**" para la Lupe, "**Tiemblas**" para Tito Rodríguez y muchísimos más.

Afortunadamente el bolero llegó para quedarse definitivamente en América Latina porque tiene muchas maneras de reproducirse culturalmente, mediante festivales y eventos como el Día de los Enamorados y el Día de las Madres o grupos bolerísticos que actúan en teatros, ateneos, estadios, salas de espectáculos o en espacios abiertos como plazas, calles y avenidas protegidas.

En mayor o menor grado el bolero, que tiene el don de la inmortalidad, está presente en todos los países latinoamericanos tanto en escenarios populares como en salas académicas.

Reconocemos la existencia en esta monografía de muchas exclusiones que para evitarlas sería necesario disponer de un equipo investigativo de grandes dimensiones que actúe en cada país, con el propósito de indagar cada realidad regional y lograr de esa manera una fotografía lo más nítida posible de la bolerística latinoamericana.

He trabajado en solitario atando cabos para elaborar al menos una referencia que conduzca a estudios de mayor profundidad investigativa.

III. CUBA

En este país sitúan los estudiosos de la música popular el origen del primer bolero, **"Tristezas"**, del trovador *José "Pepe" Sánchez*. Difieren en lo que respecta al año de su nacimiento, pues unos dicen que fue en 1883, nacimiento del referido bolero cuyo nombre exacto fue **"Me entristeces, mujer"** y otros que ello ocurrió en 1886.

Ese personaje histórico nació en Santiago de Cuba el 19 de marzo de 1856 y falleció el 3 de enero de 1918.

No tuvo formación musical académica, ejerció la sastrería y tocaba guitarra.

De su autoría fueron también, entre otros, los temas **"Pobre artista"**, **"Rosa I"**, **"Rosa II"**, **"Rosa III"**, **"Elvira"**, **"Cuando la expresión de tu canto"**, **"Cuba, mi patria querida"**, **"Caridad"**, **"Adán y Eva"**, **"Esperanza"**, **"Redondilla"**, **"Ángeles"**, **"Naturaleza"** e **"Himno a Maceo"**, etc.

Desde Cuba, vía Yucatán, viajó a México, que se encargaría de difundirlo al resto de Latinoamérica mediante discos y el cine que dio paso a las grandes orquestas y a los tríos como parte de la película.

III.1. Xiomara Alfaro, cantante que nació en La Habana el 22 de mayo de 1930 y falleció en Cabo Coral, Florida, Estados Unidos, el 24 de junio de 2018.

Cubrió toda una etapa de la canción popular cubana y latinoamericana, surgió del concurso que ganó en una radio de su país e inició su carrera artística en revistas musicales y en espectáculos de cabaret.

Grabó más de 28 y realizó numerosos espectáculos en diversos países del mundo.

El bolero **"Siboney"** del maestro Ernesto Lecuona fue muy popular en su voz, y la interpretación que más le gustaba al autor.

Su discografía comprende, entre otros, los álbumes "**Besos en mis sueños**", "**Recordar es vivir**", "**Xiomara Alfaro en gira**", "**Xiomara Alfaro en Nueva York**", "**¡No puedo ser feliz!**", "**Recuerdos de Cuba**" y "**El Ruiseñor trina de nuevo**"[ii].

III.2. Benny Moré es el nombre artístico del cantante y compositor *Bartolomé Maximiliano Moré Gutiérrez*, que nació en Santa Isabel de las Lajas el 24 de agosto de 1919 y falleció en La Habana el 19 de febrero de 1963.

Se le conoció "*El Bárbaro del Ritmo*" y "*El Sonero Mayor de Cuba*".

Fue un maestro en todos los géneros, pero destacó particularmente en el son montuno, el mambo y el bolero.

Aprendió a tocar la guitarra en su infancia y fabricó su primer instrumento a la edad de seis años, con una tabla y un carrete de hilo.

En 1935, formó parte de su primer conjunto musical y el siguiente año se trasladó a La Habana, después de seis meses regresó al pueblo natal.

En 1940 regresó a La Habana y tuvo su primer éxito al ganar un concurso en la emisora de radio CMQ, que tenía un programa llamado **Corte Suprema del Arte,** cuyos ganadores eran contratados y se les daba la posibilidad de grabar y cantar sus canciones. Ese triunfo le permitió conseguir su primer trabajo estable con el Conjunto **"Cauto"**, y cantar también con éxito en la emisora CMZ con el Sexteto **"Fígaro"**. En 1944 debutó en la emisora 1010 con el Cuarteto **"Cauto"**.

Posteriormente formó parte del **Trío Matamoros**, con el cual viajó a México en junio de 1945 y allí se quedó formando parte del **Dueto Fantasma** y grabando con la discográfica RCA Víctor los temas "**Me voy pal pueblo**" y "**Desdichado**", junto a la orquesta de Mariano Mercerón.

Con Dámaso Pérez Prado grabó los temas "**Babarabatiri**", "**Guanabacoa**", "**Locas por el mambo**", "**Viejo cañengo**", "**El suave**", "**Que cinturita**", "**María Cristina**" y "**Pachito eché**", entre otros.

En México empezó a conocérsele como "*El Príncipe del Mambo*".

En abril de 1952 regresó a Cuba, donde prácticamente era un desconocido. "**Bonito y sabroso**" fue su primera grabación en el país natal y su primer éxito. Luego formó parte la orquesta de Ernesto Duarte Brito, con la cual grabó el célebre bolero "**Cómo fue**".

Tiempo después fundó La Banda Gigante, que entre 1954 y 1955 se hizo inmensamente popular. Entre 1956 y 1957 hizo una gira por Venezuela, Jamaica, Haití, Colombia, Panamá, México y Estados Unidos, donde actuó en la ceremonia de entrega de los **Oscar**.

Su última presentación ocurrió el domingo 17 de febrero de 1963, en Palmira, Cienfuegos, a unos kilómetros de Santa Isabel de las Lajas, su pueblo natal.[iii]

III.3 Orlando Contreras

fue el nombre artístico del cantante Orlando *González* Soto, quien nació en La Habana el 22 de mayo de 1930 y falleció en Medellín, Colombia el 9 de febrero de 1994.

Fue llamado por sus fanáticos "*La Voz Romántica de Cuba*".

Formó parte del trío de *Arly Valdés*, del **Conjunto Casino** y de la orquesta de *Neno González*, con la cual grabó un exitoso disco.

Posteriormente se convirtió en solista.

En 1965 viajó a los Estados Unidos y entre 1966 y 1970 trabajó en un barco turístico portugués.

Uno de sus grandes éxitos fue "**Mi Corazonada**", de *José Fernández Pérez*.

Su repertorio incluyó también, entre otros temas que le hicieron famoso en Cuba y América Latina, los títulos "**En un beso la vida**", "**Sin egoísmo**", "**Difícil**", "**Amarga decepción**", "**Por borracha**", "**Por un puñado de oro**", "**Dónde tu irás**", "**Muerto en vida**", "**Dolor de hombre**", "**Que murmuren**", "**Un amigo mío**", "**Amigo de qué**", "**Yo estoy desengañado**", "**Arráncame la vida**", "**Egoísmo**", "**Esta tu canción**", "**Sé muy bien que vendrás**" y "**Corazón de Madera**".[iv]

III.4 Celia Cruz fue el nombre artístico de la cantante *Úrsula Hilaria Celia de la Caridad Cruz Alfonso*, quien nació en La Habana el 21 de octubre de 1925 y falleció en Fort Lee (Estados Unidos) el 16 de julio de 2003.

Fue llamada por sus fanáticos "***La Reina de la Salsa***" y "***La Guarachera de Cuba***".

A lo largo de su carrera interpretó y popularizó internacionalmente el son, son montuno, guaguancó, rumba, guaracha y bolero.

Fue vocalista de la orquesta **Sonora Matancera** y se hizo merecedora de numerosos galardones, entre ellos, dos **Grammy** y tres **Grammy Latinos**.

La expresión *¡Azúcar!* que empleó en sus interpretaciones la identificó.

Grabó con las disqueras Seeco Récords, Tico Récords, Fania - Vaya Label, Bárbaro Récords, RMM Récords, Sony Music Entertainment, Universal Music Latino, Cubanacan Récords y Elektra / Asylum Récords.

Entre los boleros que interpretó se cuentan los títulos "**Cuando Salí De Cuba**", "**Perdón**", "**Vieja luna**", "**Y Volveré**", "**No Me Hables De Amor**", "**Esperaré**", "**Cuando Estoy Contigo**", "**Preferí perderte**", "**Extraño Amor**", "**Prefiero Tu Amor**", "**Falsía**", "**Desencanto**", "**Ya Lo Puedes Decir**", "**Tengo Un Cariñito**", "**Te Busco**", "**Bravo**", "**No Me Vaya A Engañar**", "**Mi Desesperación**", "**Encantado De La Vida**", "**Bolero**", "**Me Acuerdo Gracias A Ti**" y "**Soy**".[v]

III.5 La Sonora Matancera es una orquesta nacida en Matanzas que, además de son cubano, salsa, guaracha, son montuno, guaguancó, mambo, conga, cha, cha, cha y otros géneros populares, interpretó bolero rítmico, bolero moruno, bolero mambo, son bolero, bolero tango, bolero, bolero beguine, bolero, bolero guapachá, bolero afro, bolero bon-bon y bolero guajiro.

El 12 de enero de 1924, bajo la iniciativa de **Valentín Cané** y precisamente en su casa se formó el conjunto bajo el nombre de **Tuna Liberal**, a petición de un partido político local del mismo nombre que solicitó su formación para amenizar sus reuniones y mítines. En sus orígenes era una agrupación en la que prevalecían las cuerdas ya que era el momento del auge del "*Son*", y para esto se requerían de cuatro guitarras acústicas.

Entre los boleristas que formaron parte de la orquesta se cuentan **Daniel Santos, Celia Cruz, Myrta Silva, Leo Marini, Miguelito Valdés, Bobby Capó, Nelson Pinedo, Vicentico Valdés, Alberto Beltrán, Johnny López, Carlos Argentino, Celio González, Carmen Delia Dipiní, Olga Chorens, Willy Rodríguez, Toña la Negra y Bienvenido Granda**, entre los más conocidos.

Sus 40 boleros de oro son los que siguen: "**Total**", "**Quién será**", "**Dile que por mí no tema**", "**Todo me gusta de ti**", "**Cuando tú seas mía**", "**En el juego de la vida**", "**Dos almas**", "**Por dos caminos**", "**Amor sin esperanza**", "**Desesperación**", "**Tuya y más que tuya**", "**Aunque me cueste la vida**", "**Los aretes de la luna**", "**El preso**", "**Historia de un amor**", "**Morena**", "**Así es mejor**", "**Te engañaron corazón**", "**Canción del dolor**", "**Recuerdos de Navidad**", "**El 19**", "**Sin pensar en ti**", "**En la palma de la mano**", "**Enamorado**", "**Angustia**", "**Desgracia**", "**Desvelo de amor**", "**Luces de Nueva York**", "**Quémame los ojos**", "**Corazón sin puerto**", "**Indecisión**", "**Amor de cobre**", "**Cien mil cosas**", "**Todo acabó**", "**Cuando vuelvas conmigo**", "**Amnistía**", "**Yo vivo mi vida**", "**En el balcón aquel**", "**En la orilla del mar**" y "**Sólo tengo un amor**".

El 15 de junio de 1960, la agrupación salió de Cuba para cumplir con un jugoso contrato que tenía en la Ciudad de México, y no regresó más a su país.

En el Central Park de Nueva York, el 1 de julio de 1989, fue la celebración del 54 aniversario de su fundación.[vi]

III.6. Trío La Rosa fue una agrupación musical que, además de interpretar guaracha, difundió el bolero en Cuba y otros países latinoamericanos.

Fue creado en Santiago de Cuba por Juan *Francisco de la Rosa*, su director, *Julio León* y *Juan Antonio Serrano*.

Pero en 1943 *Julio León*, lo refundó como director, arreglista, segunda voz y guitarra acompañante, con *Juan F. Serrano* primera voz y percusión menor, y Francisco Jiménez Puentes, tercera voz y guitarra prima, que fue pronto sustituido por *Juan Francisco Despaigne La Rosa*.

En esa etapa, además de sus actuaciones, acompañaban a figuras de la trova oriental.

Pronto se traslada a La Habana contratado por la RHC y en 1947 empiezan a grabar para la Panart.

En 1947 Invitan a *Chago Rodrigo* y *Celso Vega* a participar en algunas grabaciones para la Panart.

Lo propio ocurre el siguiente año, La invitada es *Luisa María Hernández* "**La India De Oriente**" que graba "Contestación a por seguir tus huellas", su primer disco con ese sello disquero.

El bolero "**Amor que malo eres**" resulta exitoso y sus grabaciones ya son conocidas en toda el área caribeña.

Otros éxitos fueron "**La Fiesta de los Ratones**", "**Errante de un Amor**", "**Triste Camino**", "**Zancudo Patilargo**", "**Pegadita A Los Hombres**", "**Fue En La Cantina**", "**Mar y cielo**", "**Mi ruego de amor**", "**Acuérdame de ti**", "**Paloma caprichosa**", "**Blancas azucenas**" y "**La que se fue**".[vii]

III.7. **Trío Matamoros** fue una agrupación fundada en Santiago de Cuba el 8 de mayo de 1925 que, además del bolero, interpretó otros géneros de la música popular que se escucharon en diversas partes del mundo.

Tuvo como fundadores a *Miguel Matamoros*, *Rafael Cueto* y *Siro Rodríguez*.

Su música fue en su momento, y lo sigue siendo todavía, una de las más genuinamente populares síntesis de cubanía.

El trío viajó por vez primera a Estados Unidos en 1928, donde realizó sus primeras grabaciones; en 1929 va a México; en 1930 a Santo Domingo, República Dominicana, y en 1933, realiza una gira por Venezuela, Panamá, Curazao, Puerto Rico y Colombia, y en 1960 se presenta por última vez en Estados Unidos.

A su regreso a Cuba, después de 35 años de intensa vida artística, se desintegró.

Actuó por última vez para el pueblo cubano en el Teatro Chaplin de La Habana a principios de marzo de 1960.

Se atribuye su éxito a la creación, por parte de *Miguel Matamoros*, del bolero son.

Entre sus principales boleros se encuentran "**Conciencia**", "**Mata y bebe**", "**Santiaguera**", "**Olvido**", "**Ruego de amor**", "**Noche triunfal**", "**Promesa**" y "**Luz que no alumbra**".[viii]

III.8. Miguel Matamoros fue un cantante, músico y compositor que nació en Santiago de Cuba el 8 de mayo de 1894 y murió en la misma ciudad el 15 de abril de 1971. Creó el bolero y fundó el **Trío Matamoros**, junto con *Siro Rodríguez* y *Rafael Cueto*.

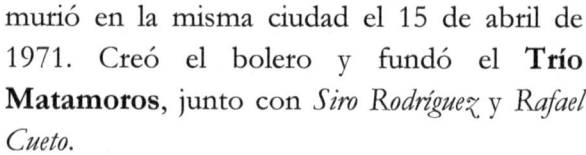

Su formación musical fue autodidáctica, aunque a la edad de 15 años empezó a tocar la guitarra en el tono La Mayor que le enseñó Ramón Navarro.

Pero el primer instrumento musical que lo señaló como intérprete en las actividades en que participaba fue la armónica y luego la corneta china, que tocó a petición de *Rita Montaner* en una de sus actuaciones años más tarde en el **Cabaret Montmartre**, cuando estaba dedicado por completo a la vida artística.

A los 16 años compuso su primera pieza musical: un bolero que tituló "**El Consejo**", y con el tiempo sus composiciones sumaron casi 200, entre ese género y sones, pasodobles, habaneras y polcas, entre otros.[ix]

III.9. Barbarito Diez, fue el nombre artístico del músico cantante, *Bárbaro Diez Junco*, quien nació en Bolondrón el 4 de diciembre de 1909 y falleció en La Habana 6 de mayo de 1995.

Se le conoció como "***La Voz de Oro del Danzón***".

Estuvo en actividad desde 1935 hasta 1985 y grabó con las disqueras Panart y EGREM.

Formó el trío "**Los Gracianos**" con el trovador *Graciano Gómez* y el músico *Isaac Oviedo*, dando inicio de esta forma a su vida profesional.

A partir de 1935, ingresó como voz solista en la orquesta del director y arreglista cubano *Antonio María Romeu*.

Con esta orquesta, interpretó danzones, sones y boleros por más de cinco décadas.

Al fallecer *Romeu* el 18 de enero de 1995, asumió la dirección del conjunto, que rebautizó con el nombre de "**Barbarito Diez y su orquesta**".

Fundó también el **Cuarteto Selecto**, con el que realizó presentaciones en los cabarets de la bohemia habanera de los años cuarenta.

Es bueno señalar, como lo destaca la fuente consultada, que "*Aunque su estilo estuvo siempre vinculado al danzón, en 1984 grabó en Venezuela su único LP de boleros, acompañado con las guitarras y voces del grupo venezolano* "**La Rondalla Venezolana**".

La grabación se efectuó mediante convenio entre la empresa venezolana "Palacio de la Música" y la discográfica estatal cubana EGREM, que tenía en exclusividad a Diez.

En ese álbum aparecen los boleros "**Frenesí**" e "**Idolatría**".[x]

III.10. Rolando Laserie, fue el nombre artístico del percusionista y cantante *Rolando Laserie Rodríguez*, quien nació en Mata, Villa Clara, el 27 de agosto de 1923 y falleció en Coral Gable, Florida, Estados Unidos, el 22 de noviembre de 1998.

Se le conoció como "***El Guapo***" o "***El Guapachoso***".

Aprendió a tocar los timbales a los 9 años y actuaba de forma esporádica como percusionista en la **Banda Municipal de Santa Clara**.

A los 20 años formó parte de la orquesta de **Arcaño y sus Maravillas**.

En 1946 viajó a La Habana, y se desempeña como percusionista en la orquesta de los **Hermanos Palau**.

Más tarde pasó a ser timbalero y coro en la **Banda Gigante de Benny Moré**.

Un disco de boleros grabado con el sello disquero Gema no tuvo repercusión.

En 1957 el bolero "**Mentiras tuyas**", de la autoría de *Mario Fernández Porta*, fue definitorio en su manera de cantar, con incursiones coloquiales y diálogos.

A lo largo de su carrera grabó más de treinta discos.

Con el advenimiento de la Revolución Cubana emigró primero a Caracas, Venezuela, y después a Miami, donde siguió su carrera, contando con una buena parte de su público.[xi]

III.11. Antonio Machín fue el nombre artístico del músico y cantante *Antonio Abad Lugo Machín*, quien nació en Sagua la Grande el 11 de febrero de 1903 y falleció en Madrid el 4 de agosto de 1977.

Se hizo famoso por las recreaciones que hizo de los temas "**El Maniseros**", "**Dos gardenias**" y "**Angelitos negros**", entre otros.

"**El manisero**", que fue grabado en 1930 acompañado por la orquesta de *Don Azpiazu* para la compañía RCA Víctor de Nueva York, constituyó el primer éxito millonario en ventas de la música cubana.

En 1911, el párroco de su pueblo natal lo puso a cantar en su altar mayor y en cierta ocasión, con motivo de una fiesta benéfica, interpretó el **Ave María de Schubert** subido a una silla, ganándose el aplauso de toda la población.

Se mudó a La Habana en 1926, donde se inició como solista en los cafetines, acompañado del guitarrista *Miguel Zaballa*.

La reputación del dúo —*se lee en Wikipedia, la enciclopedia libre*— llegó a oídos de la burguesía habanera, que ya no dudó en contratarlos. Por azar del destino llegó a cantar a una emisora en la que coincidió *Don Azpiazu*, quien lo contrató como segundo cantante de su orquesta. Sería, pues, el primer cantante negro que actuara en el **Casino Nacional de La Habana**, lugar de la burguesía más racista y excluyente, ya como todo un profesional. Sin dejar a *Azpiazu*, fundó un sexteto que hizo sus primeras grabaciones en 1929 y a partir de los medios de la época, es decir, las victrolas de cuerda y la radio que empezaba a desarrollarse. El éxito fue inmediato con "**Aquellos ojos verdes**", al que siguió "**El manisero**". En 1930 dejó Cuba, adonde no volvería hasta 1958.

En 1939 se estableció en España, donde obtuvo su primer éxito con "**Noche triste**", un fox melódico grabado con los Mihuras. También fueron éxitos los temas "**Cómo fue**", "**Moreno**" y "**Amor sincero**".

Sin embargo, su gran éxito llegaría en 1947, con canción moruna "**Angelitos negros**" convertida en bolero merced a un arreglo musical.

Su repertorio incluyó de igual modo los boleros "**Madrecita**", "Toda una vida", "**Bésame mucho**", "No me vayas a engañar", "**Quizás, quizás, quizás**" y "**Dos gardenias**", entre muchos otros.

Dos compositores importantes en su carrera fueron el cubano *Osvaldo Farrés* (autor de temas como **Madrecita, Toda una vida, No me vayas a engañar, Quizás, quizás, quizás, Ay de mí...**) y la mexicana *Consuelo Velázquez* (autora de **Bésame mucho, Será por eso** y **Amar y vivir**). Mención aparte merece la única versión de la cubana *Isolina Carrillo*, que convirtió en uno de sus grandes éxitos, "**Dos gardenias**".

En ese país grabó más de 60 discos y formó el "Cuarteto Machín".[xii]

III.12 Omara Portuondo es el nombre artístico de la cantante *Omara Portuondo Péláez*, quien nació en La Habana el 29 de octubre de 1930.

Inició su carrera artística en 1945.

Intérprete de bolero, jazz, filin y son.

Se le considera la máxima representante del filin, subgénero cubano del bolero.

Sitio Web: www.omaraportuondo.com

Inició su carrera artística en 1945 como bailarina del cabaret **Tropicana**, donde hizo pareja con el famoso bailarín *Rolando Espinosa*.

En sus inicios cantó con un grupo que se hizo llamar **Loquibambla Swing**, y el estilo que tocaban era una música que influencias del jazz que luego se conoció como feeling castellanizado filin.

En 1950 fue integrante de la **Orquesta Anacaona,** y hacia 1952 con su hermana Haydée, *Elena Burke* y *Moraima Secada*, formó un grupo vocal liderado por la pianista *Aída Diestro*, denominado el **Cuarteto Las d'Aida que** duró 15 años y en 1957 grabó un álbum para RCA Víctor. La agrupación realizó numerosas giras por América y compartió escenario *Édith Piaf, Pedro Vargas, Rita Montaner, Bola de Nieve y Benny Moré* y también sirvió como acompañantes de *Nat King Cole* cuando este se presentó en el cabaret **Tropicana.**

Formó parte de la **Orquesta Aragón.**

En 1959 debutó en solitario con el álbum Magia Negra.

Viajó extensamente, haciendo presentaciones, en Francia, Japón, Bélgica, Finlandia y Suecia.

Su repertorio bolerístico incluyó, entre muchos otros, a "**Flor de amor**", "**Nosotros**", "**Camino del puerto**". "**Toda una vida**" y "**Ella y yo**".[xiii]

III.13. Elena Burke fue el nombre artístico de la cantante *Romana Elena Burke González,* quien nació en La Habana el 28 de febrero de 1928 y falleció en la misma ciudad el 9 de junio de 2002.

Además de bolero, interpretó, beat, pop, son, baladas románticas y otros géneros.

Inició su carrera trabajando en la radio a finales de los años cuarenta, en la **Corte Suprema del Arte,** donde firmó su primer contrato con el maestro *Orlando de La Rosa.*

Perteneció a al conjunto **Las Mulatas de Fuego**, el trío **Las Cancioneras** y los cuartetos de *Facundo Rivero, Orlando de La Rosa* y de la pianista *Aída Diestro.*

Su repertorio incluyó temas de compositores latinoamericanos y de su país.

Entre los numerosos éxitos se cuentan los temas "**De mis recuerdos**", "**Y ya lo sé**", "**Lo material**", "**Duele**", "**Amor y solfeo**" (*Luis Rojas*), "**Ámame como soy**" y "**Mis 22 años**".

Grabó los álbumes Gemas de Navidad, Elena Burke canta a Marta Valdés, La Burke canta, Elena Burke canta a Juan Formell, A solas contigo y De lo que te has perdido.[xiv]

III.14. Pedro Junco Jr. es el nombre con el cual se conoció al pianista y compositor *Pedro Buenaventura Jesús del Junco-Redondas*, quien nació en Pinar del Río el 22 de febrero de 1930 y falleció en La Habana el 25 de abril de 1943.

De su autoría son el bolero clásico "**Nosotros**", "**Estoy triste**", "**Soy como soy**", "**Me lo dijo el mar**", "**Quisiera**" y "**Tus ojos**".

En 1939 obtuvo el título de maestro en piano.

Su bolero "**Nosotros**" fue entonado por primera vez en febrero de 1943 por el cantante *Tony Chiroldes* en la Estación Radial de Pinar del Río CMAB.

Desde entonces, ha sido cantada por más de 400 Intérpretes.

Minutos antes de morir escuchó el estreno radial de su bolero "*Soy como soy*" que hiciera el cantante *René Cabel*.[xv]

III.15. César Portillo de la Luz es el nombre del compositor, cantante y guitarrista que nació en La Habana el 31 de octubre de 1922 y falleció en la misma ciudad el 4 de mayo de 2013.

Estuvo en actividad desde 1940 hasta el año de su muerte.

Desde los 19 años se inició en el canto acompañado de su guitarra. Estuvo entre los promotores del filin, una manera particular de interpretar el bolero, con influencia del jazz,

"**Contigo en la distancia**" es el nombre de su bolero más conocido, De su autoría son también "**Tú mi delirio**", "**Sabrosón**", "**Noche cubana**", "**Realidad y Fantasía**" y "**Canción de un festival**".

Varios de sus temas han sido interpretados, entre otros, por *Nat King Cole, Tito Rodríguez, Olga Guillot, Pedro Infante, Litto Nebbia, Tin Tan, José José, Pedro Vargas, Lucho Gatica, Fernando Fernández, Luis Miguel, Luis Mariano, Plácido Domingo, Christina Aguilera, Caetano Veloso, María Bethania, Astrid Gilberto* y la *Orquesta Sinfónica de Londres*.[xvi]

III.16. José Antonio Méndez García, fue un compositor, cantante y guitarrista que nació en La Habana el 10 de junio de 1927 y falleció en la misma ciudad el 10 de junio de 1989. Se encuentra entre los fundadores del filin.

Sus composiciones son reconocidas internacionalmente.

En 1940 se presentó en **La Corte Suprema del Arte**, donde ganó el primer premio con el corrido "**Cocula**"

En 1946 escribió "**Por mi ceguedad**" y "**Novia mía**" y el siguiente año el bolero "**La gloria eres tú**", popularizado por *Toña la Negra* y *Pedro Infante*, quien lo interpretó en el filme mexicano "**Dos tipos de cuidado**".

Integró el trío **Xochimilco**, y el grupo **Loquibambia**.

Igualmente presidió la editorial Musicabana, integrada por cultores del filin. En 1949 viajó a México, donde era ya conocido por las grabaciones de "**La gloria eres tú**".

En 1955 grabó para la RCA Víctor, por iniciativa de *Mario Rivera Conde*, director artístico de esa casa discográfica, su primer LP con canciones suyas y de otros compositores.

El siguiente año viajó a Guatemala y de allí regresó a México, donde compuso en 1957, "**Si me comprendieras**", que grabó *Lucho Gatica* con la orquesta de *Sabre Marroquín*.

Estas son otras de sus composiciones: "**Por mi ceguedad**", "**Soy tan feliz**", "**Cemento, ladrillo y arena**", "**Como los demás**", "**Ese sentimiento que se llama amor**", "**Me faltabas tú**", "**Mi mejor canción**", "**Por nuestra cobardía**", "**Sufre más**", "**Tú, mi amor divino**", "**Y decídete, mi amor**", "**Ayer la vi llorar**", "**Quiéreme y verás**", "**Háblame de frente**", "**La última la traigo yo**" y "**¿Por qué dudas?**".[xvii]

III.17. Frank Domínguez es el nombre artístico del cantante, pianista y compositor *Francisco Manuel Ramón Dionisio Domínguez Radeón*, quien nació en Matanzas, el 9 de octubre de 1927 y falleció en Mérida, Yucatán, México, el 29 de octubre de 2014. Obtuvo la nacionalidad de ese país.

Fue una figura relevante del movimiento filin.

Comenzó a practicar el piano a los 8 años. Se graduó de farmacéutico por deseos del padre, pero nunca ejerció la profesión.

En 1958, lanzó su primer disco: Frank Domínguez canta sus canciones.

Su bolero más famoso, "**Tú me acostumbraste**", escrito en 1957, dio la vuelta al mundo en las voces *Los Tres Ases, Olga Guillot, Chavela Vargas, María Dolores Pradera, Pedro Vargas, Caetano Veloso, Doménico Modugno, Tom Jones, Mina, Gal Costa, María Bethania, Lola Flores, Los Sabandeños, Bambino, Luis Miguel, Sara Montiel, Gipsy Kings, Natalia Lafourcade, Omara Portuondo, Los Macorinos, Chucho Valdés, Andrea Bocelli* y *Alex Ferreira*, entre muchas otras.

Escribió también las composiciones "**Pedacito de cielo**", "**¿Cómo te atreves?**", "**Me recordarás**", "**Imágenes**", "**Refúgiate en Mi**", "**Como Te Atreves**", "**Mi Corazón Lloró**", "**Pedacito de Cielo**", "**No Pidas Imposibles**", "**Si Tú Quisieras**", "**Un Pedacito de Cielo**", "**Luna Sobre Matanzas**", "**Mi Canción a La Habana**", "**Triste Adiós Juventud**", "**Cuando No Te Veo Vida Mía**", "**El Jibarito**", "**La Rosa Ausente**" y "**Tu Mirar**".[xviii]

III.18. Ernesto Lecuona es el nombre artístico del pianista, y cantautor *Ernesto Sixto de la Asunción Lecuona Casado*, quien nació Guanabacoa el 8 de agosto de 1895 y falleció en Santa Cruz de Tenerife, España, el 29 de noviembre de 1963.

Compuso música popular y académica.

Ofreció su primer recital a los 5 años, y a los 13 realizó su primera composición, la marcha "**Cuba y América**" para banda de concierto.

Se graduó en el Conservatorio Nacional de La Habana con una medalla de oro en interpretación cuando tenía 16 años.

Está considerado como uno de los músicos cubanos más destacados. Sus huellas quedaron registradas en la canción popular y en la académica.

De su autoría son los clásicos de la música popular cubana **"Siboney"**, **"Canto Carabalí"**, **"La Comparsa"** y **"Malagueña"**, entre muchos otros temas.

Entre sus intérpretes más famosos se encuentra el tenor mexicano **José Mojica**, el tenor español **Alfredo Kraus**, el pianista **Huberal Herrera** y muchos otros.

"Siboney", una de sus canciones populares más conocidas, compuesta el 28 de diciembre de 1919 y publicada en 1928. Entre los primeros intérpretes se citan, a **Rita Montaner** y **Vicente Morín**, quienes la cantaron juntos el 29 de septiembre de 1927 en el antiguo Teatro Regina de La Habana.

Ha sido interpretada, entre muchos otros, además por **Esther Borja, Xiomara Alfaro, Libertad Lamarque**, María América Samudio, **Nana Mouskouri**, el **trío Los Panchos, Alfredo Graus, Plácido Domingo, Connie Francis** y **Grace Moore**.

En 1942 Juan Orol realizó el filme homónimo.

Está incluida en la banda sonora de las películas estadounidenses, **When you're in love** dirigida por Robert Riskin en 1937, **2046** de Wong Kar-wai en el 2004 y en **The island** de Michael Bay en 2005.[xix]

III.19. Gonzalo Roig es el nombre artístico del músico y compositor *Gonzalo Roig Lobo*, quien nació en La Habana el 20 de julio de 1890 y falleció en la misma ciudad el 13 de junio de 1970.

Fundó varias orquestas y fue un pionero del movimiento sinfónico en Cuba y uno de los principales compositores que redefinió la zarzuela cubana. También fue fundador de la **Ópera Nacional de La Habana**, que dirigió durante algunos años, de la Sociedad de Autores de Cuba, la Federación Nacional de Autores de Cuba, la Unión Nacional de Autores de Cuba y la Sociedad Nacional de Autores de Cuba.

Se graduó en el Conservatorio de La Habana.

Compuso otros de los clásicos de la música popular cubana, el bolero "**Quiéreme mucho**" y "**Ojos brujos**", entre muchos otros temas. También es compositor de las zarzuelas "**Cecilia Valdés**", "**La Habana de Noche**", "**La hija del sol**" y "**El clarín**".[xx]

III.20. Rodrigo Prats es el nombre artístico del compositor, violinista, pianista y director de orquesta Rodrigo *Ricardo Prats Llorens*, quien nació en Sagua la Grande, provincia de Las Villas, el 7 de febrero de 1909 y falleció en La Habana el 15 de septiembre de 1980.

En 1924, a la edad de 15 años, compuso la música del conocido bolero "**Una rosa de Francia**", sobre la letra de un poema que le había entregado **Gabriel Gravier**, amigo de la familia. Lo estrenó el popular cantante **Fernando Collazo**.

En 1961, con su obra "**Yo sí tumbo caña**", interpretada por el cuarteto D'Aida, obtuvo el gran premio del Primer Concurso de Canciones Cubanas celebrado en 1959.

Otros temas de su autoría son los pregones **"El churrero"**, **"El tamalero"**, **"El verdulero"** y **"El heladero"**, entre otros; los boleros  **"Una rosa de Francia"**, ya mencionado, **"Aquella noche"**, **"Espero de ti"**, **"Tú que no sabes mentir"**, **"Creo que te quiero"**, **"Eres rayo de sol"** y **"Miedo al desengaño"**. Igualmente, las zarzuelas. **"Amalia Batista"**, **"La Perla del Caribe"**, **"María Belén Chacón"**, **"La Habana que vuelve"**, **"Guamá"**. y **"Soledad"**.[xxi]

IV. COSTA RICA

A este país llegó el bolero a principios del Siglo XX y entre los cultores más importantes están los nombres de **Ricardo Mora, Orlando Zeledón, Ray Tico, Jorge Duarte, Gilberto Hernández** y **Rafa Pérez**.

IV.1. Ray Tico es el nombre artístico que utilizó el músico, cantante y compositor *Ramón Jacinto Herrera*, quien nació en Limón en fecha no precisada de 1928 y falleció el 15 de agosto de 2007.

Es considerado un icono de la música popular costarricense y fue el único extranjero que formó parte del movimiento del "filin" cubano, con el cual el bolero alcanzó su máximo esplendor.

Fue en Cuba donde adoptó su nombre artístico.

Compuso más de cincuenta canciones, entre ellas el bolero **"Eso es imposible"**, la obra que más éxitos le prodigó, **"Romance en La Habana"**, **"México de luz y color"** **"Me quedo callado"**.[xxii]

IV.2. Francisco "Kiko" Barahona, músico y compositor que nació el 6 de agosto de 1922 en Naranjo, Alajuela.

Formó parte de la orquesta del maestro **Hugo Mariani** y en 1944 constituyó la **Orquesta Lubin Barahona y sus Caballeros del Ritmo**.

De su autoría son, entre otros, los temas **"Noche azul"**, **"En la distancia"**, **"Volveré"**, **"Dónde tú estés"**, **"Un sueño de amor"** y **"Noche azul"**.

"**Volveré**" fue grabado por la Orquesta de Luis Alcaraz, y "**Noche azul**", por Jorge Duarte.

Fue integrante de la referida orquesta y de la dirigida por Dámaso Pérez, con quien actuó en Japón.[xxiii]

IV.3. Otto Vargas, nombre artístico del saxofonista, arreglista, compositor y director de orquesta **Otto Vargas Rojas**, quien nació en Alajuela el 24 de noviembre de 1927 y falleció en la misma localidad el 3 de febrero de 2017

Su primer instrumento musical fue una marimba de juguete.

Fue integrante de la Orquesta de "Toño" Solís, Marimba Orquesta Costa Rica, de los hermanos Sanabria, Orquesta de Saúl Menéndez. Rodolfo Guiadams y su Escuadrón del Ritmo y la orquesta de Gilberto Murillo realizó su primera grabación, el sencillo "**Solo quiero mirarte**" para el sello ARPA, que interpretó **Rafa Pérez**.

A finales de 1958 compró los derechos sobre la Orquesta de Gilberto Murillo e incorporó al vocalista Gilberto Hernández, y renombró al conjunto como: la **Fabulosa de Otto Vargas**, que actuó en los Estados Unidos, Centroamérica y el Caribe.

Esa agrupación alternó con Billo's Caracas Boys, El gran combo de Puerto Rico, La Sonora Matancera y La Sonora Santanera, entre otras.

De su inspiración surgieron las canciones "**Amor del Mar**", "**La Leyenda de tus ojos**" y "**Te esperaré**" (grabada por el trío Los Josefinos).

Su orquesta cesó su actividad en diciembre de 1996, con un saldo de varios discos de 45 rpm y 18 LP, entre ellos el titulado Otto Vargas y su Música y su Orquesta, constante de los temas "**Costa Rica**", "**Sólo quiero mirarte**", "**Para mis amigos**", "**Amor del mar**", "**Como un sueño**", "**Esta Navidad**", "**San José de Costa**

Rica", "Has de volver", "Demuéstrame tu cariño", "Te esperaré" y "Rico cafecito".

"Amor del mar" y "La leyenda de tus ojos" fueron grabados por la Orquesta Billo's Caracas Boys, en la voz de Rafa Galindo.[xxiv]

IV.4. Ricardo Mora es el nombre artístico del compositor, guitarrista, violinista, ejecutante del bugle y luthier de guitarras acústicas *Ricardo Mora Torres*, que nació en Puriscal en 1915 o 1920, según la fuente consultada, y falleció el de marzo de 1994.

Se le conoció como *"Reca"* Mora

Escribió cerca de 140 canciones y fue el introductor en la música popular de ese país de los ritmos del Guarí y el Garabito, de su propia inspiración.

A los 19 años publica su primer tema **"¿Por qué me engañas, corazón?"** un bolero difundido internacionalmente por el **Trío Cantarrecio**, de México, al cual siguieron, entre otros: "**Después fuiste tú**", "**Carmen**", "**Ya no quiero que vuelvas**", "**Para mi madre**" y "**Noche inolvidable**", interpretado por el niño **Eduardo Blanco**, y su grabación se efectuó en la emisora Radio para ti. Fue un sencillo de 45 r.p.m. en cuyo lado B colocó **"¿Por qué me engañas, corazón?"**.

"**Noche inolvidable**" sería interpretado posteriormente por **Sadia Silou** (de Brasil), la **Orquesta Caravelli** (de Francia), **La Sonora Santanera** (de México), "**Rafa**" **Pérez** y **Gilberto Hernández** (ambos de Costa Rica), y **Julio Jaramillo** (de Ecuador), entre otros.[xxv]

IV.5. **Jorge Duarte** fue un cantante de boleros, quien nació en San José el 24 de febrero de 1922 y falleció en la misma ciudad el 4 de octubre de 2010.

Durante muchos años fue una de las voces principales de la **Orquesta de Lubín Barahona** y los **Caballeros del Ritmo**, con la cual actuó en Colombia, Panamá y Estados Unidos.

Durante su larga trayectoria grabó varios discos como solista, de los cuales destacan "Jorge Duarte ayer, hoy y siempre"; "Éxitos de Jorge Duarte" y "Jorge Duarte: Melodías de siempre".

Dos de los boleros que interpretó lo identificaron: "**Noche azul**" y "**Donde tu estás**".[xxvi]

IV.6. Los 8 grandes boleros costarricenses

El 24 de septiembre de 2017 la Web dio conocer el título de los ocho grandes boleros de Costa Rica, a juicio de la gestora cultural de Guanacaste Beatriz Vargas, y la preservadora del patrimonio cultural Ligia Torijano,

Son

"**Eso es imposible**", de Ray Tico.

"**Noche inolvidable**", de Ricardo Mora.

"**Luna liberiana**", de Jesús Bonilla Chavarría-

"**Recordando mi puerto**", de Orlando Zeledón.

"**Cartaginesa**", de Carlos María Hidalgo.

"**Déjame soñar**", de Paco Navarrete.

"**Comprometido**".

"**Nada**", de Hugo Castillo.

Sin embargo, hay otros boleros que han gozado de popularidad, como "**Recuérdame**" de Ricardo Mora, "**Dialoguemos**", "**Me quedo callado**" y otras de Ray Tico, "**Sol de mi tierra**" de Heriberto Apú Vallejos y "**Ciudad perdida**" de Los 8 grandes boleros costarricenses.[xxvii]

V. ECUADOR

Este país aportó a la historia del bolero grandes figuras emblemáticas, tanto en la composición como en la interpretación.

V.1. Julio Jaramillo, nombre artístico de *Julio Alfredo Jaramillo Laurido*, fue su máximo exponente en el segundo renglón. Se le conoció como **"El Ruiseñor de América"** y nació en Guayaquil el 1 de octubre de 1935 y falleció en la misma ciudad el 9 de febrero de 1942.

Grabó sus producciones con Discos Ónix, Sonolux, Discos Peerless, Codiscos, Discos Tropical (Discos Fuentes), Discomoda, VeneVox (Fonográfica Gilmar) y Yoyo Music.

Además de bolero, interpretó pasillo y vals.

A los 16 años ganó un concurso radial cuyo premio fue su presentación en un centro nocturno y tal hecho marcó el inició de su carrera profesional.

Vivió muchos años en Venezuela.

Sus principales producciones discográficas fueron Ritmos venezolanos con el Trío Caracas, Sacrificio, Ojos que matan, Los Éxitos del Inmortal y 18 boleros.

Popularizó, entre muchos otros, los temas **"Nuestro Juramento", "Dos Años", "Un disco más", "Azabache", "Niégalo Todo", "Arrepentida"** y **"Rondando tu esquina"**.

V.2. Olimpo Cárdenas, nombre artístico del cantante Olimpo *León Cárdenas Moreira*, quien nació en Vinces el 5 de julio de 1922 y murió en Tuluá, Colombia, el 28 de julio de 1981.

Fue conocido como "***El Rey del Estilo***".

Su vida profesional comenzó en 1941 y culminó en 1981.

A los 10 años cantó en programas infantiles de La Voz del Litoral.

Compartió escenarios de Colombia, Estados Unidos, Canadá, Guatemala, Honduras, El Salvador, Venezuela, Panamá, Puerto Rico y República Dominicana, entre otros, y México, donde grabó 20 discos de larga duración.

Entre muchos de los temas populares se cuentan "**Lágrimas de amor**", "**Temeridad**", "**Playita mía**", "**Tu duda y la mía**", "**Fatalidad**", "**Cinco centavitos**" y "**Licor bendito**".

V.3. Segundo Bautista fue un músico, compositor, pianista y guitarrista que nació en Salcedo, Cotopaxi, el 23 de diciembre de 1933 y falleció en Quito el 8 de mayo de mayo de 2019.

Compuso más de 300 canciones desde boleros hasta fox incaicos.

Su obra más conocida fue "**Collar de lágrimas**".

Sus temas fueron interpretados, además de artistas ecuatorianos, por los tríos "Los Tres Caballeros", "Los Panchos" y "Los Tres Diamantes.

Fundó el trío "Luz de América".

V.4. Lucho Bowen fue el nombre artístico del cantante *Luis Enrique Bowen Gómez* quien nació en Guayaquil el 11 de agosto de 1926 y falleció en Cali, Colombia, el 30 de abril de 2005.

Muchos de sus éxitos los grabó con las disqueras RCA Víctor y Fuentes.

Su repertorio estuvo conformado, entre otros muchos temas, por "**Amor de copas**", "**Mi castigo**", "**Inútilmente**", "**En ese más allá**", "**Nuestros corazones**", "**Esperando tu amor**", "**Granitos de arena**", "**Se me olvidó tu nombre**", "**Cría cuervos**", "**Verdad amarga**", "**A veces los recuerdos**", "**Vas a llorar por mí**", "**Amar es pecado**", "**No llores corazón**", "**Me alejo de ti**", "**Déjame en paz**", "**Te amaré en silencio**", "**Llorando tu partida**", "**Quiero salvarte**", "**Yolanda**", "**Lágrimas de amor**" y "**Llora corazón**".

V.5. Julio César Villafuerte un músico, compositor, cantante y arreglista que nació en Jipijapa, Manabí, el 1 de enero de 1928 y adoptó la nacionalidad colombiana en marzo de 2007.

Compuso pasacalle, pasillo, bolero, ranchera y vals peruano.

Desde 1951 hasta 1959 formó un dueto con **Lucho Bowen.**

Julio Jaramillo y **Olimpo Cárdenas** fueron intérpretes de algunas de sus canciones, tales como "**Arrepentida**" y "**Tu Duda y la Mía**".

De su autoría son también las canciones "**Corazón prisionero**", "**La pena de no verte**", "**Mi Jipijapa querido**", "**Vida de mi vida**", "**De cigarro en cigarro**", "**Amor de una madre**", "**Sueña, sueña muchachita**", "**Sin rumbo**", "**Alma Lojana**",

"Primorosa", "Ausente Madre Mía", "Entre Taberna y Taberna".[xxviii]

VI. BOLIVIA

En este país el bolero se expresa pasivamente, mediante espectáculos amenizados por artistas extranjeros, y activamente con intérpretes y compositores vernáculos.

VI.1. Raúl Shaw Moreno, fue el nombre artístico con el cual se dio a conocer el compositor e intérprete *Raúl Shaw Boutier*, quien nació en Oruro el 30 de noviembre de 1923 y falleció en Buenos Aires, Argentina, el 13 de abril de 2003.

Perteneció al trío "Los Panchos".

En 1946 con su hermano Víctor Shaw fundó el trío "Los Altiplánicos", que le permitió darse a conocer en su país.

Dos años después formó el trío "Los Indios" con el cual actuó en México,

Posteriormente, junto a los hermanos Valdez formó parte del trío "Panamérica Antawara", con el que realizó su primera grabación. Por ese tiempo escribió su primer éxito, el bolero "**Magaly**".

Junto a "Los Panchos" se presentó en los escenarios más importantes de toda América Latina, incluyendo exitosas presentaciones en Brasil y también en Japón.

Con dicha agrupación grabó, entre otros, los boleros **"Aquellos Ojos verdes"**, **"Quiéreme mucho"**, **"Perfidia"**, **"Bésame Mucho"**, **"Solamente Una vez"**, **"María Elena"**, **"Amigos"** y **"Lágrimas de Amor"**, de su autoría.

Posteriormente, en compañía de Fernando Rossi y José González, formó el trío "Los Peregrinos", haciendo su debut en la Radio Corporación de Santiago e interpretando sus primeras canciones, tales como **"Cuando tú me quieras"** y **"Lágrimas de Amor"**.

También fue autor de los boleros **"Sólo cenizas"**, **"Que saben de mí"** y **"El Espejo"**.[xxix]

VI.2. Los Genios es un trío creado el 15 de octubre de 1965. Sobre esta agrupación Jorge Soruco, con motivo del medio siglo de la agrupación, escribió en el periódico *La Razón* el reportaje que sigue:

El 18 de octubre de 1965, tres adolescentes entre 16 y 18 años decidieron formar un trío. No se imaginaron que 50 años después la música de Los Genios continuaría convocando al público boliviano a sus conciertos.

"Éramos unos muchachos muy jóvenes y aventureros. Cuando decidimos formar el grupo teníamos entre 16 y 18 años, y no esperábamos que se convirtiera en nuestra forma de vida", recuerda Víctor Córdoba, el compositor, guitarrista y fundador del trío paceño.

Sin embargo, pese a su juventud, la agrupación rápidamente se convirtió en una de las más exitosas de su generación, con más de un centenar de discos publicados y con giras en el país y en el exterior.

Para festejar sus bodas de oro Los Genios prepararon un año lleno de actividades especiales, que comenzarán el 14 y 15 de este mes con la realización de su tradicional Concierto para la Madre en el Teatro Municipal Alberto Saavedra Pérez a las 19.00 (calle Genaro Sanjinés).

La historia de Los Genios tiene que ver también con la formación de una familia. Tiempo después de formarse el trío, el compositor y guitarrista Víctor Córdoba y Alcira Arteaga, la cantante, contrajeron matrimonio y se convirtieron en el núcleo de la agrupación. *"Más que un grupo somos una familia, ya que ahora es nuestro hijo Xavier quien nos acompaña como antes lo hizo su hermano José Luis"*, dice la voz.

Esta solidez les permitió mantenerse como uno de los grupos más prolíficos de Bolivia, con al menos dos centenares de discos publicados en distintos sellos. Solo con Discolandia produjeron 50 placas y en sus paredes exhiben seis discos de oro, dos dobles platinos y tres de triple platino de Lauro.

Esta trayectoria además hizo posible que sus carreras se expandan. Por ejemplo, Víctor compuso para varios grupos e instituciones; algunos de estos temas se presentarán en los conciertos de la semana.

También fundaron su propia empresa discográfica, Córdoba Producciones, aunque experimentaron un importante contratiempo: 15 años atrás fueron víctimas de un robo y recién en los últimos años comenzaron a recuperarse.

Es así como, en el segundo semestre de este año, justo para el aniversario, lanzarán un disco recopilatorio con temas de sus diferentes etapas, entre ellos los que dedicaron a las mamás, como **"Madre de los cabellos de plata"**, el bolero **"Lo que quiso el destino"**, temas nacionales como **"El durazno"** y **"Matecito de toronjil"** e incluso las canciones que compusieron para equipos de fútbol como **"A las cuatro de la tarde"**, para Bolívar.

El éxito lo atribuyen a una combinación de un repertorio ecléctico y a que *"pudimos escapar del proceso de uniformización de la música folklórica boliviana que surgió tras Los Kjarkas"*, asegura Xavier Córdova. Y ahora los fundadores ven cómo su legado va cobrando vida en sus nietos, algunos de los cuales ya cantan. *"Es lindo ver que se confirma que lo que se hereda no se roba y que habrá Los Genios para largo rato"*, asegura Alcira.

VII. BRASIL

En este país el bolero tiene muchos representantes, tanto en el área de la interpretación como en el de la composición.

VII.1. Altemar Dutra, nombre artístico de *Altemar Dutra de Oliveira,* llamado "***El Rey del Bolero Brasileño***" y nacido en Minas Garais el 6 de octubre de 1940 y fallecido mientras actuaba en Nueva York el 9 de noviembre de 1983.

En 1980 grabó Siempre Romántico - 25 Boleros Inolvidables

Sus principales éxitos fueron "**Peleas**", "**Vete de mí**", "**He sabido que te amaba**" y "**¿Qué quieres tú de mí?**".

Comenzó su carrera actuando para la Radio Difusora de Colatina, en Espíritu Santo -localidad a donde su familia se había mudado.

Grabó su primer disco en el sello Tiger con el título: Saudade que vem (Magalhães y Célio Ferreira) y Somente uma vez (Luís Mergulhão e Roberto Moreira).

Se lee de él en Wikipedia, la enciclopedia libre:

-Hacia 1963, fue llevado por Amorim al programa Boleros Dentro da Noite de Radio Mundial, el mismo año Joãozinho del Trío Yrakitan, lo presentó en Odeón en donde firmó contrato, consiguió colocarse en los primeros lugares de las listas de popularidad con el tema Tudo de mim (Evaldo Gouveia y Jair Amorim) logrando el ser conocido en todo Brasil.

Grabó un LP al alimón con **Lucho Gatica**.

VII.2. **Miltinho**, cuyo verdadero nombre es *Milton Santos de Almeida*, nacido en Río de Janeiro el 31 de enero de 1929 y fallecido en la misma ciudad el 8 de noviembre de 2014. Popularizo las piezas,

"**Dedo de guante**", "**Cuando estemos viejos**", "**Pecadora**", "**Amor de pobre**", y "**Quien yo quiero no me quiere**", entre otras.

Fue llamado "*El Rey del Fraseo*".

Su extensa discografía, en portugués y castellano, comprendió, entre otros muchos, los álbumes Billo-Miltiño- Doctores en Ritmo (1959) con **Billo Frómeta**, Miltinho (1961), Os Grandes Sucessos de Miltinho (1963), Dulce Veneno (1964), Su Estilo Y Su Canciones (1966), Amor de Pobre (1967), Tu Imagen (1967), Canta En Castellano (1968). El Rey Del Fraseo (1969) y Hablemos de Amor Otra Vez (1969).

VII.3. **Roberto Carlos**, nombre artístico *Roberto Carlos Braga Moreira*, cantautor nacido en Cachoeiro de Itapemirim, el 19 de abril de 1941.

Ha vendido más de 150 millones de discos en diversas partes del mundo.

Ganador del Grammy.

Fue durante muchos años el único cantante latinoamericano en ganar el Festival de la Canción en San Remo.

Cantó en inglés, portugués y español.

En 1981 realizó giras internacionales y grabó su primer álbum en inglés; los demás serían en español, italiano y francés. También grabó el disco anual, que incluía éxitos como "**Emociones**", "**Cama y Mesa**" y "**Ballenas**"

En 1992 grabó su nombre en el Paseo de la Fama de Miami (Estados Unidos) para artistas latinoamericanos.

VII.4. Simone, cuyo nombre real es *Simone Bittencourt de Oliveira*, nacida en Bahía el 26 de diciembre de 1949, intérprete de "**La hiedra**", "**Quiero amanecer con alguien**" y "**Mi amor**", entre otros.

Ha cantado tanto en su idioma materno, el portugués, como en español, obteniendo un éxito similar al de su compatriota **Roberto Carlos**, siendo también reconocida en el mundo de habla hispana.

En 1976 grabó la canción "**O**" que será tema de la novela Doña Flor y sus dos maridos.

En 1978 lanzó Cigarra, su quinto LP, que incluye la canción homónima compuesta especialmente para ella por **Milton Nascimento**. Su discografía es extensa, y entre sus canciones más conocidas y reeditadas están "**Procuro olvidarte**" (del compositor español Manuel Alejandro), "**Popurrí**" (con temas pertenecientes al cantante y compositor mexicano Armando Manzanero) y otros de su compatriota **Roberto Carlos**. También ha cantado a dúo con el cubano **Pablo Milanés**.

VII.5. Nelson Ned, nombre artístico de *Nelson Ned D'Ávila Pinto*, nacido en Ubá el 2 de marzo de 1947 y fallecido en Cotia, el 5 de enero de 2014, llamado "**El Pequeño Gigante de la Canción**". Fue también autor. Grabó en español los álbumes "**Si Las Flores Pudieran Hablar**", "**Nelson en Acción**", "**Jesús está vivo**", "**Jesús te ama**", "**Jesucristo es vida**" y "**Mi testimonio**".

VII.6. Chico Buarque, nombre artístico de *Francisco Buarque de Hollanda*, y nació en Río de Janeiro el 19 de junio de 1944.

Es además de cantante de boleros y otros géneros, guitarrista, novelista, poeta y dramaturgo.

Popularizó los temas "**Que será**", "**Mar y Luna**", "**A pesar de usted**", "**Querido amigo**", "**Constructor**", "**Te amo**" y "**Cotidiano**", entre muchos otros.

Su debut público como músico y compositor —se lee en Wikipedia, la enciclopedia libre- ocurrió en 1964 y pronto se hizo una reputación a través de su participación en festivales musicales y programas de televisión.

Su discografía es extensa y grabó con las disqueras RGE y Philips.

VII.7. Lindomar Castilho,

nombre artístico del cantante y músico *Lindomar Cabral*, que nació en Santa Helena de Goiás el 21 de enero de 1940 y falleció el 30 de marzo de 1981.

Popularizó los boleros "**Você é doida demais**" (Tú estás loca demás) y "**Eu amo a sua mãe**" (Yo amo a su madre).

Cantó bolero y soul.

Fue uno de los mayores vendedores de discos en la década de los 70 y sus producciones eran lanzadas simultáneamente en Estados Unidos y Brasil.

Su estilo influenció a toda una generación de cantantes.

VII.8. Los Indios Tabajaras.

Mussapere y Herundy, ambos hermanos, nacieron en la selva profunda del estado de Ceará, en el noreste del Brasil, Luego pasaron a llamarse Antenor y Natalicio Moreyra Lima, bajo el epíteto de Los Indios Tabajaras.

Entre sus muchos temas exitosos se cuentan "**Frenesí, Martha**", "**Tema del Tercer Hombre**", "**Amapola**", "**El Pájaro Campana**", "**El Cóndor Pasa**", "**Recuerdos de la Alhambra**", "**María Elena**", "**Begin The Beguine**", "**No Tengo Lágrimas**", "**Cuando Vuelva a Tu Lado**", "**El Mar**", "**Mamá Yo Quiero**", "**Valse en C-Sharp**", "**Lamento Borincano**", "**El Amor Es Una Cosa Esplendorosa**", "**Johnny Guitar**", y "**Humo en Tus Ojos**", entre muchas más.

VII.9. Agostinho dos Santos, fue un cantante y compositor de bolero y bossa que nació en Sao Paulo el 25 de abril de 1932 y falleció en Orly, Francia, el 11 de julio de 1973. Entre sus éxitos en español se cuentan los temas "**Tu Y Yo**", "**Tonada Triste**", "**La noche de mi amor**", "**Escríbeme**", "**Noche sin fin**", "**Ahora**", "**Lourdes**", "**Una vez más**", "**Esmeralda**", "**Horóscopo**", "**Perfidia**", "**Angustia**", "**Noche de ronda**", "**Aquellos ojos verdes**", "**Gracias**" y "**Orfeo Negro**".

VII.10. Nana Caymmi es el nombre artístico de la cantante *Dinair Tostes Caymmi*, nacida en Río de Janeiro el 29 de abril de 1941.

En 1961 participó en un concurso cantando el tema "**Acalanto**" y poco tiempo después se mudó con su marido a Venezuela, pasando algunos años alejada del medio artístico.

De vuelta en Brasil, lanzó su primer disco, "Nana". En 1966, participó en el I Festival Internacional de la Canción, obteniendo el primer lugar con la canción "**Saveiros**".

Se le considera una de las intérpretes más expresivas y depuradas de la música brasileña, festejada por la sofisticación tanto de sus interpretaciones de canciones populares como de temas compuestos especialmente para ella.

En 2003 grabó para el público el disco Boleros, contentivo de una selección de 14 boleros clásicos, de los cuales 13 están cantados en español.

VII.11. Orquesta Serenata Tropical, de la cual se lee en "El Blog del Bolero" que fue tal su reputación que, en Wikipedia, cuando se habla de la historia del bolero y se identifican a sus intérpretes por países, se hace alusión de que en Brasil dentro de los grandes propulsores de ese noble y romántico ritmo se encuentran la "Orquesta Serenata Tropical" y la orquesta "Los Románticos de Cuba".

Según esa fuente. Sus orígenes se remontan a los primeros años de la década de los 60 y estuvo activa hasta 2004.

Grabó varios volúmenes titulados "Solamente Boleros". Esa agrupación musical instrumental interpretó, entre muchos otros, los temas **"Obsesión"**, **"Nostalgia Habanera"**, **"Mil gracias"**, **"Muñeca de cera"**, **"Voy"**, **"Si no eres tú"**, **"Lamento gitano"**, **"Bajo un palmar"**, **"Celos de ti"**, **"Amor perdido"**, **"Sin ti"**, **"Tres palabras"**, **"Nuestro juramento"**, **"Aquellos ojos verdes"**, **"Toda una vida"**, **"La barca"**, **"Perfidia"** y **"Tú me acostumbraste"**.

VII.12. Románticos de Cuba, fue una orquesta creada dentro del sello Musidisc por su propietario, **Nilo Sérgio**.

Su período de actividad se prolongó desde 1959 a 1981.
Periodo en actividad   1959 – 1981.

Entre sus éxitos se cuentan **"Bésame mucho"**, **"Quiéreme mucho"**, **"Vereda tropical"**, **"Perdón"**, **"Usted"**, **"Gema"**, **"No me quieras tanto"**, "Cerca del mar", "La gloria eres tú" y **"Noche de ronda"**.[xxx]

VIII. COLOMBIA

Este país suramericano hizo grandes apartes a la historia del bolero, tanto en la interpretación, como en composición e innovación.

Aportó el bolero Vallenato.

Según Jesús Rincón Murcia, en un texto digital del 4 de junio de 1991, los boleristas colombianos más destacados, a su juicio, fueron Jorge Añez, de quien se asegura compuso el primero, (Te amo); Jaime R. Echavarría (Me estás haciendo falta); Lucho Bermúdez (Añoranzas); Álvaro Dalmar (Orgullosa); Rafael Mejía (Mientras me quieras tú); Santander Díaz (Me enamoré de ti); José Barros (Busco tu recuerdo); Faustino Arias (Noches de Bocagrande); Oscar Fajardo (Perdido y sin amor); Eduardo Arias (Me da risa Rafael Roncallo (Corazón), entre otros. Obviamente, algunos de ellos tienen más producción.

VIII.1. Charlie Zaa, nombre artístico de *Carlos Alberto Sánchez Ramírez*, quien nació en Girardot el 22 de julio de 1971. Tiene voz de tenor.

Su discografía está integrada, entre otros, por los álbumes Sentimientos, Un segundo sentimiento, The Remixes, Ciego de amor, De un solo sentimiento, Grandes sentimientos y Puro sentimiento.

Innovó el bolero en su país al actualizar temas famosos de **Julio Jaramillo**.

VIII.2. Faustino Arias, nombre artístico de *Faustino Arias Reynel*, poeta y compositor nacido el 13 de abril de 1910 en Barbacoas, Nariño, y fallecido en Tumaco el 29 de julio 29 de 1985 en Tumaco, también en Nariño.

Musicalizó la hermosa pieza "**Alma tumaqueña**" escrita por el médico y también poeta tumaqueño Manuel Benítez Duclerq.

De su autoría son también los temas "**Sueño tropical**", "**Rosario de besos**", "**Porteña**", "**Aguabajo**", "**Mi pueblo**", "**Sindamanoy**" y la controvertida canción "**Noches de Bocagrande**" cuya dedicatoria se disputó la ciudad de Cartagena, siendo realmente dirigida a la Isla de Bocagrande en Tumaco. Estuvo casado con Lola González Hincapié, una dama oriunda de Filandia, Quindío, que hasta hace poco se encontraba radicada en la ciudad de Cali. Este matrimonio procreó siete hijos: Isabella, Faustino, Oscar, Eduardo, Fernando, Roberto y Lilú. Varias instituciones o dependencias en Nariño llevan el nombre de este gran hombre que falleció a sus 75 años de vida. Incuestionable orgullo nariñense.

VIII.3. José Barros, nombre artístico de *José Benito Barros Palomino*, fue el compositor colombiano de la música popular más prolífico. Compuso Fecundo paseos, cumbias, porros, pasillos, boleros, tangos, currulaos, merengues, etc.

Nació en El Banco, Magdalena, el 21 de marzo de 1915 y falleció en Santa Marta 12 de mayo del 2007.

Su bolero más conocido, "**Busco tu recuerdo**", fue interpretado por los boleristas más conocidos, como **Daniel Santos**.

VIII.4. Santander Díaz, nombre artístico de *Carlos Arturo Díaz Herrera*, nació en San Juan Nepomuceno Bolívar el 11 de mayo de 1933 y falleció en Bogotá el 15 de septiembre de 1990.

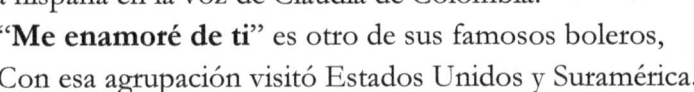

Fue integrante del famoso trío de boleros "Los Isleños".

Uno de sus temas, "**La sombra**", llegó a todo el mundo de habla hispana en la voz de Claudia de Colombia.

"**Me enamoré de ti**" es otro de sus famosos boleros, Con esa agrupación visitó Estados Unidos y Suramérica.

VIII.5. Rafael Mejía, nombre artístico de *Rafael David Mejía Romani*, considerado por muchos especialistas como el compositor romántico más importante de Colombia, no obstante haberse iniciado con el bambuco y el pasillo. Nació en Barranquilla el 27 de marzo de 1920, y falleció en su ciudad natal el 18 de julio del 2003.

Produjo aproximadamente 150 canciones.

Su bolero "**Mientras me quieras tú**", interpretado por **Leo Marini**, lo catapultó como uno de los más importantes cultores de este género en Colombia. También son suyos los boleros "**Vidas iguales**", "**Nadie más que tú**", "**Por Dios que eres bonita**", "**Despierta corazón**", "**Ahí estás tú**", "**Sabes muy bien**", "**Más y más**" y "**Será por eso**". Su obra se completa con merengues, rancheras, porros, gaitas y guarachas.

VIII.6. Lucho Bermúdez, nombre artístico de *Luis Eduardo Bermúdez Acosta*, músico, compositor, arreglista, director e intérprete de música popular colombiana, nacido en Carmen de Bolívar el 25 de enero de 1912 y fallecido en Bogotá el 23 de abril de 1994.

Escribió gaitas, boleros, mapalé, cumbia, fandango y porro, etc.

Entre sus boleros está "**Nostalgias**".

Grabó cerca de 80 discos y compuso alrededor de mil temas.

VIII.7. Jaime R. Echavarría, nombre artístico de *Jaime Rudesindo Echavarría Villegas*, cantautor y político nacido en Medellín el 13 de noviembre de 1923 y falleció en la misma ciudad el 29 de enero de 2010.

Entre sus éxitos se cuentan "**Me estás haciendo falta**", "**Cuando voy por la calle**", "**Yo nací para ti**", "**Qué tienes tú**", "**Serenata de amor**", "**María Inés**", "**Entre estas cuatro paredes**", "**Llévame de la mano**", "**Adorada**" y "**Sueño**", entre otros.

VIII.8. Jorge Áñez fue cantante y compositor, nacido en Bogotá en abril de 1892 y fallecido en la misma ciudad el 22 de julio de 1953.

Entre sus temas destaca "**Los cucaracheros**", "**Agáchate el sombrerito**", "**Ausencia**", "**Óyeme bien mío**" y "**Te amo**", considerado el primer bolero colombiano.

En 1950 escribió uno de los primeros libros sobre la canción popular colombiana, "**Canciones y recuerdos**".

Formó parte de las agrupaciones Lira Colombiana, el Trío Colombiano, la Estudiantina Añez y el dueto Briceño y Añez.

XVIII.9. Carlos Julio Ramírez,

quien nació en Tocaima, Cundinamarca, el 4 de agosto de 1916 y falleció en Miami, Estados Unidos, el 12 de diciembre de 1986. Fue cantante lírico y de música popular.

Su repertorio bolerístico estuvo conformado, entre otros, por los temas "**Mala noche**", "**Romanza de amor**", "**Nostalgias**", "**Perfidia**", "**Frenesí**", "**Mi canción**", "**Dame de tu rosa**", "**Granada**", "**Dime que sí**", "**Júrame**", "**Así**", "**Mis flores negras**" y "**Para qué recordar**".

VIII.10 Nelson Pinedo,

nombre artístico de *Napoleón Nelson Pinedo Fedullo*, cantante y compositor, que nació en Barranquilla el 10 de febrero de 1928 y falleció en Valencia, Venezuela, el 27 de octubre de 2016.

Fue llamado "***El Almirante del Ritmo***" y "***El Pollo Barranquillero***".

Actuó como vocalistas de La Sonora Matancera, donde entre otros éxitos interpretó los boleros, "**Señora Bonita**", "**Desesperación**", "**Corazón sin Puerto**", y "**Quién será**".

Grabó para la RCA Víctor de México y Discomoda, de Caracas.

VIII.11. Álvaro Dalmar, nombre artístico de *Álvaro Chaparro Bermúdez*, compositor y cantante, quien nació en Bogotá el 7 de marzo de 1917 y falleció en la misma ciudad el 18 de mayo de 1999. Su primera composición fue el bambuco "**El Diablito**", que posteriormente grabó por Manuel Astudillo en Nueva York.

En los años 50 compuso canciones especialmente para **Carlos Julio Ramírez**, que tuvieron éxito en Colombia como "**Bésame, morenita**" fue su tema más representativo. En esa misma época compuso temas para el cantante venezolano **Alfredo Sadel**, entre ellos "**Un beso de amor**", "**Lindo soy yo**", "**Lágrimas**" y "**Todito el año**". En esa misma época sus boleros hicieron historia con el Trío Dalmar.

Además de los cantantes ya señalados, sus composiciones se dejaron oír también en las voces del venezolano **Felipe Pirela**, venezolano, quien popularizó el bolero "**Amor se escribe con llanto**", Los Hermanos Martínez, "**Angustias**", "**Di que no me quieres**" y "**Me desperté sin ti**"; Orquesta Aragón, "**Cosas cositas**" y María América Samudio, "**Padrenuestro**", "**Ave María**" y "**Feliz Cumpleaños**".

VIII.12. Oscar Fajardo, es el nombre artístico de *Oscar Fajardo García*, creador del famoso trío "Los Isleños", baluarte del bolero en Colombia. Nació en Ocaña, Norte de Santander, en fecha no precisada de 1927, y falleció en Bogotá el 24 de septiembre de 2000, según informó Caracol Radio. Tenía 73 años. De su autoría fueron los boleros "**Perdido y sin amor**" y "**Sangre en el río**", entre muchos otros.

VIII.13. Veinte boleros con todo el sabor colombiano fue el título que le dio la redacción del diario *El Tiempo* el 15 de mayo de 1993 a la publicación del álbum de dos discos de la cantante María Cristina De la Espriella constante de los temas "**Cuando te vuelva a ver**", "**Cartagena contigo**", "**Me enamoré de ti**", "**Te busco**", "**Deseosa**", "**Si te vuelvo a besar, deseo**", "**Mientras me quieras tú**", "**Noches de Bocagrande**", "**Tan lejos**", "**Me estás haciendo falta**", "**Taganga**", "**Mi realidad**", "**Te amo**", "**Estoy sola**", "**Qué es amor**", "**A la orilla del mar**", "**Perdida sin amor**", "**Corazón**" y "**Si vuelvo a enamorarme**", de los compositores de Colombia Leonor Campo de Lega, Alfonso De la Espriella, Santander Díaz, Lucho Bermúdez, Eduardo Cabas, Jaime Llano González, Darío Corredor, Rafael Mejía, Faustino Arias, Álvaro Dalmar, Jaime R. Echavarría, Nacho Dugand, Jorge Añez, Graciela Arango de Tobón, José Barros, Oscar Fajardo, Rafael Roncallo y Mario Gareña.

VIII.14. Claudia de Colombia, es el nombre artístico de la cantante *Blanca Gladys Caldas Méndez*, nacida en Bogotá el 18 de enero de 1950.

Ha actuado en escenarios de su país, Venezuela, Argentina, Ecuador, Puerto Rico, Miami, Panamá, República Dominicana, Costa Rica, Uruguay, México, también sonó en España, Brasil, Paraguay y Suriname.

Entre los éxitos interpretados se cuentan, entre muchos otros, **"Amor se escribe con llano"**, **"Tú me haces falta"**, **"Hoy daría yo la vida"**, **"La sombra"**, **"Nuestra historia de amor"**, **"Tú me acostumbraste"**, **"Quisiera tenerte a pesar de todo"**, **"Vivo enamorada"**, **"La vida es un sueño"**, **"Ay destino ay mi amigo"**, **"El ocaso de un amor"** y **"Sorprendida"**.

VIII.15. Tito Cortez, fue el nombre artístico de *José Alberto Cortés Bonnet* "***El Ciclón Colombiano***" que se fue "a cantar al cielo" y hacer un dúo en los coros celestiales, con su amigo y colega Piper Pimienta, como lo señaló *El Tiempo* al reseñar su muerte, dos días después de ocurrida. Nació en Tumaco, Nariño, en fecha no precisada de ¿1929? y falleció en Cali el 18 de Julio,1998. Cantó y compuso boleros.

Fue autor de 110 trabajos discográficos, entre ellos **"El Diablo"**, **"Reconciliación"** **"Si te vas"**, **"Mala Mujer"**, **"Alma Tumaqueña"**.[xxxi]

IX. REPÚBLICA DOMINICANA.

Muchos nombres han legado este país a la historia del bolero tanto en la composición como en la interpretación.

IX.1. Alberto Beltrán, nombre artístico del cantante *Alberto Amancio Beltrán* fue conocido por el merengue "**El negrito del Batey**", pero también por sus boleros "**Aunque me cueste la vida**", "**Ignoro tu existencia**", "**El 19**" y "**Todo me gusta de ti**".

Nació en la localidad de Palo Blanco, en la provincia de La Romana, el 5 de mayo de 1923 y murió en Miami, Estados Unidos, el 2 de febrero de 1997.

-Desde 1946 hasta 1951 –se lee en Wikipedia, la enciclopedia libre- perteneció a varias agrupaciones en su país, como "Brisas de Oriente". Más tarde, formó su propio grupo llamado "Dominican Boys".

La misma fuente revela que *"En 1951 emigró a Puerto Rico"* y *"Allí, grabó con "Los Diablos del Caribe", grupo de Mario Hernández, el tema "El 19"*. Más tarde, *"viajó a Cuba, primero a Santiago y luego a La Habana el 15 de julio de 1954, para trabajar con la compositora y cantante boricua Myrta Silva en Radio Mambí"*, con quien estuvo hasta *"El 16 de agosto de ese mismo año"*, cuando *"fue requerido por la Sonora Matancera y grabó la composición Ignoro tu existencia de Rafael Pablo de la Motta y Aunque me cueste la vida de la inspiración del dominicano Luis Kalaff. Ambos temas, a ritmo de bolero, fueron grabados en un mismo disco de 78 r.p.m."*.

Estuvo con esa agrupación hasta *"El 18 de enero de 1955"*. De inmediato pasó a Venezuela y dejó registros fonográficos con las orquestas "Sonora Caracas", Los Megatones de Lucho y la Orquesta de **Jesús "Chucho" Sanoja**, Igualmente, "Contratado por el músico dominicano asentado en Venezuela, **Billo Frómeta**, participó en dos álbumes grabados en estudios de Cuba: "Evocación" (1956) en el cual actuó como solista y "La Lisa-Maracaibo", en el cual compartió créditos con el cantante cubano Carlos Díaz".

IX.2. Rafael Bullumba Landestoy, es el nombre artístico del compositor y pianista *Pedro Rafael "Peter" Landestoy Duluc*, nacido en La Romana el 18 de agosto de 1924 y fallecido en Santo Domingo el 17 de julio de 2018.

Estuvo en actividad desde 1950 hasta 2007.

Su bolero "**Pesar**" lo grabaron Daniel Santos, Toña la Negra, Panchito Riset, Alcibíades Sánchez con la orquesta Billo's Caracas Boys, el Trío Janitzio, Alberto Beltrán y Miltinho.

En México el artista Fernando Fernández llevó al cine sus canciones "**Carita de ángel**" y "**Mi dulce querer**". De igual modo, la intérprete Lupita Palomera grabó su bolero "**Sin necesidad**", Toña la Negra y Milagros Lanty llevaron al disco la canción "**Yo soy mulata**" y Juan Arvizu grabó el bolero "**Incomprensión**".

Vivió en Venezuela y México durante la dictadura de Rafael Leónidas Trujillo y a finales de 1950 se trasladó a Nueva York donde actuó como pianista en diferentes grupos musicales.

Tuvo una vasta y profunda obra musical y fue el compositor dominicano más afortunado internacionalmente.

IX.3. Papá Molina es el nombre artístico del músico, director y compositor *Ramón Antonio Molina*, nacido en Moca, el 19 de diciembre de 1925. El 29 de septiembre de 2011 el Consejo Nacional de Cultura de su país lo declaró "***Gloria Nacional de la Música***

Dominicana", en reconocimiento a su labor musical y el rol desempeñado en la proyección de la música popular.

Su bolero más divulgado "**Evocación**", fue grabado, entre otros, por Alci Sánchez, Alberto Beltrán y la orquesta de Billo Frómeta, Rafael Colón y Betty Misiego.

De su autoría son también "**Sufro por ti**", interpretado por Alberto Beltrán y la Súper Orquesta San José; "**Nunca te lo he dicho**", en la voz de Lope Balaguer; y "**Cuándo volveré a besarte**", con versiones de Elenita Santos y Rafael Colón.

IX. 4. Mario de Jesús, nombre artístico del compositor y editor musical *Mario César de Jesús Báez*, quien nació en San Pedro de Macorís y falleció en México el 20 de julio de 2008.

Se le considera el compositor más prolífico de boleros de su país, y sus composiciones fueron interpretadas, entre otros, por Marco Antonio Muñiz, María Luisa Landín, Trio Los Panchos, Lucía Méndez, Lucho Gatica, La Sonora Matancera, Pérez Prado, Libertad Lamarque, Plácido Domingo y Luis Miguel.

En 1952 el cubano Bienvenido Granda acompañado por la Sonora Matancera grabó el bolero "**No toques ese disco**", su primer éxito como compositor.

Se radicó en México en 1959, en cuya capital fundó en marzo de 1968 la Editora Musical Latinoamericana (EMLASA) y en 1975 inauguró Leo Musical.

Entre sus principales éxitos se cuentan los temas **"¿Y qué hiciste del amor que me brindaste?"**, **"Adelante"**, **"Ayúdame Dios mío"**, **"Que se mueran de envidia"**, **"Cría cuervos"**, **"Perdámonos"**, **"Ya la pagarás"**, **"Cumbia del torero"** y **"O..."**, entre otras, dieron de comer a Libertad Lamarque, Luis Miguel, Los Panchos, Vicente Fernández, Julio Iglesias, Vicky Car, Lucía Méndez, María Luisa Landin, Lucho Gatica, La Sonora Matancera y Pérez Prado, entre muchos otros.

Con una vida sumamente intensa en el ámbito discográfico, Mario de Jesús fundó en DF la Editora Mexicana de Música Internacional, tras independizarse de grandes sellos disqueros.

IX.5. **Héctor Acosta** es el nombre de pila es *Héctor Elpidio Acosta Restituyo*, conocido como "***El Tonto***", cantante de merengue, bachata y bolero y compositor y productor.

Nació el 23 de mayo de 1967 en Bonao.

Entre sus éxitos se encuentran, entre otros, los temas "**Mi niña**", "**Primavera azul**", "**Lo que tiene ella**", "**Perdóname la vida**" y "**Me duele la cabeza**".

Ha llevado su música gran parte de Latinoamérica, Estados Unidos, España, Suiza e Italia.

IX.6. **Jackeline Estévez** es el nombre artístico de *Rumualda Jackeline Estévez Rodríguez*, nacida el 7 de febrero de 1968 en San Francisco de Macorís, Duarte, y cantante de bolero, balada y pop.

Inició su carrera en el 1982, en el programa Fiesta de Teleantillas, alcanzando gran popularidad, compartiendo escenario junta a destacadas figuras internacionales tales como: José José,

Alfredo Sadel, Leo Marini, Álvaro Torres, Nelson Ned y Camilo Sesto, entre otros.

Su discografía hasta 2010 era la siguiente: "Crisálida", "Demuéstremelo" y "Lléname de besos", 1983, "Toda tuya", 1994, "Jackeline Estévez, sus 18 más grandes éxitos", 2005, "Mujer Enamorada", 2007, y "Única en boleros".

También, los sencillos **"Crisálida"**, **"Yo soy"**, **"Ese día llegará"** y **"Hoy por qué no te has ido"**.

IX.7. Francis Santana es el nombre artístico de *Juan Francisco Santana*, nacido en la capital dominicana y fallecido en la misma ciudad el 11 de enero de 2014.

Estuvo activo desde 1943 hasta 2008.

Se le conoció como "*El Songo*".

Fue cantante de bolero y son.

Algunas de las composiciones que se hicieron populares en su voz fueron **"Salve San Cristóbal"**, **"Massá"**, tema proveniente del folklore haitiano, **"El amor y la aventura"**, **"Ansias"**, **"Y si mañana"** y **"Te puedo perdonar"**.

Su discografía comprendió las grabaciones: "100 canciones y un millón de recuerdos" (1970), "El Papaupa!", "La salsa de Santo Domingo" (1971), "Francis Santana" (1976), "En son de felicidad" (1977), "Entre tú y yo" (1978), "Sancocho" (1980), "El Disco de Oro" (2000), "Reserva Musical" (2006) y "¡Esto Es Bolero!" (2010).

IX.8. Luis Kalaff fue un compositor prolífico, guitarrista e intérprete que nació en Santo Domingo el 11 de octubre de 1916 y falleció en la misma ciudad el 2 de julio de 2010.

Su primera guitarra la construyó él mismo, a la edad de catorce años.

Legó a la historia musical popular dos boleros inmortales, "**Aunque me cueste la diva**" y "**Amor sin esperanza**".

Este artista llevó la mangulina a la radio y compuso casi dos mil canciones.

De su autoría son también los boleros "**Acuérdate de mí**", "**El que me robó tu amor**" y "**Estoy a tu orden**". También compuso los merengues "**La empalizá**", "**La tuerca**", "**Cuando yo me muera**", "**La mina**" y "**El colorao**".

Cabe señalar que de la República Dominicana es originaria la bachata, considerada derivación del bolero rítmico, con influencias de otros estilos como el son cubano y el merengue.

IX.9. Lope Balaguer fue el nombre artístico del cantante *José Manuel López Balaguer*, que nació en Santiago de los Caballeros el 22 de agosto de 1925 y dejó de existir en Santo Domingo el 29 de enero de 2015. Fue uno de los iconos de la interpretación bolerística dominicana.

Debutó en 1940 como cantante en la radio. Actuó en Puerto Rico, Venezuela, Colombia, Guatemala, El Salvador, Panamá, Haití,  Guadalupe, Martinica y Estados Unidos.

Su discografía comprende las grabaciones de los álbumes Concierto de Amor (1946), Confesión de Amor (1950), Recuento (1950), Lope Balaguer y la Orquesta San José (1960), Serrana (1960), Habrá Un Nuevo Mundo Por Amor (1968), El Lope Balaguer de Hoy y de Siempre (1969), Álbum de Oro (1975), Algo Contigo y Me Siento Bien Contigo (1976), Aquellos Años Cuarenta y Espectacular. (1977), Álbum de Oro (1980),

45 Aniversario con el Arte: ¡Tradición de Calidad! (1986), Mi Vida Es Una Canción (1988), .Álbum de Oro (1990), contentivos de más de 200 títulos, entre ellos "**Noche De Amor**", "**Concierto De Amor**", "**Amor, Ciego**" "**Necesito De Ti**", "**Capricho**", "**Así es la Vida**", "**Súplica**", "**Adiós Vida Mía**", "**Hoja Seca**", "**¿Por Qué Lloras?**", "**Sin Ti**", "**Flor de Naranjo**", "**Serrana**", "**Egoísmo**", "**Ausencia**" y "**Abrázame Así**".[xxxii]

X. PANAMÁ

Este país le dio a la historia del bolero grandes compositores e intérpretes.

X.1. Ricardo Fábrega, fue el nombre artístico del compositor *Ricardo Fábrega*, quien nació en Santiago el 28 de enero de 1905 y falleció el 10 de febrero de 1973.

Autor, entre otros, de los boleros "Taboga", "Panamá Viejo", "Cuando lejos de ti", "Bajo un palmar", "Santa Ana", "Ventana", "Madrecita", "Tu ausencia", "Por eso te quiero", "Cuando muere la tarde", "Noches de mi tierra", "Hoy vuelves a mi lado", "Por los caminos del viento", "Si tú supieras", "Riomar", "Aquella melodía", "Te vas", "Noche tropical" y "Mi lindo ranchito".

X.2. Carlos Eleta Almarán, fue un compositor que nació en Panamá el 16 de mayo de 1918 y falleció en la misma ciudad el 16 de enero de 2013.

Legó a la humanidad el bolero **"Historia de un amor"**, escrito en 1956 e inspirado en la muerte de la esposa de su hermano Fernando.

Fue autor también de **"Bolero"** y **"Lejos de ti"**.[xxxiii]

X.3. Arturo "Chino" Hassan fue un compositor, nació en Panamá el 28 de julio de 1911 y falleció el 9 de febrero de 1974.

El bolero **"Soñar"**, dedicado a su esposa, se convirtió en su mayor éxito y con el obtuvo un Disco de Oro en 1956.

Del mismo género escribió también los temas "Mi último bolero", "Mi ser", "Esperándote", "Morena", "Solo y triste", "Mejor así", "Esperanza negra", "Por tus ojos", "Amor o ilusión", "Mi cielo eres tú", "Estoy en tu corazón", "Tu alma", "Cabecita loca", "Seré tu sombra", "Sin tu amor" y "La verdad", que fue su última composición.

X.4. Martina Andrión, compositora, llamada la *Alondra Coclesana*, nació en Penomé el 9 de junio de 1907 y falleció en la ciudad de Panamá el 13 de abril de 2005

Compuso infinidad de canciones e himnos escolares.

Autora de los boleros "**Panamá mío**", y "**Guacamaya**", de 1962, que es casi es un himno para los penonomeños.

X.5. Rubén Blades, fue el nombre artístico de *Rubén Blades Berrido de Mula*, cantante, músico y compositor, nació en Panamá el 16 de julio de 1948.

Se le conoce como un salsero intelectual, pero en 1962 grabó los boleros "**Noche de luna**", de Gonzalo Curiel y "**Vete de mí**", de Homero Expósito, en 45 rpm.

También grabó de su amigo Roberto Cedeño el boleto "**Hastío**".

X.6. Avelino Muñoz, compositor y organista que nació en Panamá el 20 de diciembre de 1912 y falleció en la misma ciudad el 24 de enero de 1962.

Grabó su primer álbum en 1938.

Entre sus boleros más difundidos se cuenta "**Eres bonita**", "**Estoy contigo**", "**Ya no me haces falta**", "**Maldición gitana**" e "**Irremediablemente solo**".[xxxiv]

XI. NICARAGUA

Este país ha creado herramientas para la reproducción cultural del bolero y tiene muchos nombres relevantes en el campo de la composición y la interpretación.

XI.1. **Rafael Gastón Pérez**, compositor y músico, nació en el barrio El Calvario de Managua, el 26 de febrero de 1917, la fecha más difundida, aunque otras versiones sitúan su nacimiento el 22 de julio de 1915, y aseguran que fue inscrito como *Manuel Rafael Pérez*. Trompetista y compositor. Estuvo en actividades desde 1922 hasta 1962, fecha de su muerte el 4 de febrero.

Fundó las agrupaciones musicales "Black Cats", "La Marimba Estudiantil" de don Abraham Sánchez y "Casino Olímpico". En Venezuela se integró a la orquesta "Billo's Caracas Boys".

Actuó en varios países y su bolero **"Sinceridad"** fue interpretado, entre otros, por Lucho Gatica, Marco Antonio Muñiz, José Luis Rodríguez "El Puma", el pianista Raúl di Blasco, María Martha Sierra Lima, Eva Garza, Los Galos, Orlando Vallejo, el trío de Luisito Plá, la Orquesta Románticos de Cuba, Bienvenido Granda con el Conjunto Casino, Roberto Yanés, Los Tres Diamantes, Los Tecolines de México, Flor de María Medina, Joao Bosco (versión en portugués que apareció en la novela brasileña "Tieta"), Virginia López.

También compuso, entre otros, los boleros **"Cuando Calienta El Sol En Masachapa"**, dado a conocer internacionalmente por los Hermanos Rigual como **"Cuando calienta el sol"**, **"Romance"**, **"Infiel"**, **"Noche De diciembre"** grabado por primera vez en la voz de Felipe Pirela con la Billo's Caracas Boys. Sinceridad, "**Silencio de amor**" y "**María Adelina**".

Además, desde diciembre de 2018 se celebra el Concierto Nacional del Festival de la Canción Rafael Gastón Pérez, según una información de Nohemy Sandino Tuvo lugar en el Teatro Nacional Rubén Darío de Managua.

También es ese país escenario del Festival de la Canción, de donde han surgido grandes figuras del bolero.

En ese país existe la Asociación de Artistas de Nicaragua "Rafael Gastón Pérez", la cual anualmente premia a los mejores artistas nicaragüenses y rinde homenaje permanente a ese compositor.

XI.2. Danny Tercero, otra figura del bolero nicaragüense rindió el 28 de marzo de 2019 un tributo a Los "Ángeles Negros", grupo chileno, para conmemorar el 51 aniversario de su creación.

El reporte lo hizo la periodista Gloria Acosta, quien explicó que el cantante interpretó los temas popularizados por la agrupación chilena "Esta noche la paso contigo", "Como quisiera decirte", "Mañana me iré", "No sufras más" y "Déjenme si estoy llorando".[xxxv]

XI.3. Primer Festival Internacional del Bolero. Se celebró este evento el 13 de febrero de 2013 con motivo del Día de San Valentín, patrono de los enamorados.

Una nota de prensa emitida por Roger Solórzano Canales fechada la víspera, dio cuenta de la presencia de boleristas de Cuba, Colombia, México, El Salvador y Nicaragua.

La fuente explicó que el evento fue organizado por la Camerata Bach y se oyeron las voces de la cubana Beatriz Márquez, del salvadoreño Edmundo Alfaro, de la colombiana Beatriz Arellano, de la mexicana Lupina Cantú y la de los nicaragüenses Luis Enrique Mejía Godoy, Eugenio Granera, Rebecka Molina y Rommel Ocampo.

El festival se efectuó en el Teatro Nacional Rubén Darío, de Managua y los espectadores disfrutaron de diversas expresiones del género, como el tradicional, el bolero-jazz, el de tríos y el de orquestas.

XII. PARAGUAY

A pesar de la riqueza de su música vernácula, en este país el bolero se ha expresado tanto en la interpretación como en la composición.

XII.1. Clásicos boleros suenan hoy en el Teatro Municipal

El 14 de febrero de 2019 se llevó a efecto en el Teatro Municipal de la capital de ese país una velada musical romántica especial para las parejas jóvenes y adultos denominada La Noche del Bolero, con la participación de grupos musicales locales.

A escena subieron grupos que rememoraron las veladas románticas de antes, *"donde los novios bailaban en una baldosa"*, ejecutando clásicas composiciones del género.

Las agrupaciones participantes fueron Rigoberto Arévalo y el Trío de Siempre, el Trío San Juan, Sajonia Cuatro, Tito Martínez, Kike Krona, Papilín Ayala con Los Garbos, y Pedro Perico López.

Interpretaron, entre otros, los boleros "Somos novios", "En mi viejo San Juan", "Sin ti", "Amor de pobre", "Triunfamos", "Ladrona de besos", "La media vuelta", "Gema" "Estoy enamorado" y "Amor eterno", "El día que me quieras", "Adoro", "Contigo en la distancia", "Noelia", "Cantando al amor", "Estoy perdido", "Despierta", "Amor, qué malo eres", "Obsesión", "Amor, no fumes en la cama" y "Candilejas".

El Bolero en America Latina

XII.2. Los Tres Sudamericanos fueron un trio musical formado en 1959 en Asunción, Paraguay y estuvo integrado por Alma María Vaesken, Casto Darío Martínez y Johnny Torales.

Ese nombre fue adoptado cuando en 1959 fueron convocados por Columbia, disquera argentina, para grabar en Buenos Aires un LP. Allí se radicaron y viajaron a España posteriormente donde fueron muy populares

Entre los temas interpretados se menciona "Pájaro Campana", "Pájaro Chagüí", "Galopera", "Cuando calienta el sol", "El partido de fútbol", "Tómbola" , "Quiero besar tus manos", "Cabellera negra", "Dulce penar", "Paloma blanca", "Nueva flor", "Luna asunceña", "Yo no sé por qué", "Sueño feliz", "Endúlzame", "Arráncame la vida", "Cuando salí de Cuba" y "Que suerte".

Con la salida de Casto Darío el trio se disolvió.

XII.3 Luis Alberto del Paraná fue el nombre artístico del músico, cantante y compositor *Luis Osmer Meza*, quien nació en Altos el 21 de junio de 1926 y falleció en Londres el 15 de septiembre de 1874. Es uno de los íconos de la música paraguaya.

Grabó más de 500 canciones.

Actuó en el Madison Square de Nueva York, el Olympia de Paris, el London Paladium, el latín Quarter Tokio, el Tchaikowsky de Moscú, y el Royal Variety Performance y el Festival de San Remo en 1965

Algunos de los temas de su repertorio fueron **"Historia de un amor"**, **"Buenas noches, mi amor"**, **"Acuarela paraguaya"**, **"Mi guitarra y mi voz"**, **"Felicidades"**, **"Adiós Mariquita Linda"** y **"Quizás, quizás, quizás"**.

XIII. EL SALVADOR

Este país ha hecho aporte a la bolerística tanto en la interpretación como en la composición.

XIII.1. Álvaro Torres nombre artístico del cantautor *Álvaro Germán Ibarra Torres* quien nació Concepción Batres, Usulután, el 9 de abril de 1954. Voz de barítono lírico que comenzó su actividad profesional en 1971.

Cantante de baladas y boleros.

Compuso su primera canción, "**Dulce amiga**", a los 12 años.

Es también autor de los temas: "Chiquita mía", "He vivido esperando por ti", "De punta a punta", "Hazme olvidarla", "Yo Te seguiré queriendo", "Mi verdadero amor", "Si estuvieras conmigo", "Te va a doler", "Tres", "Yo te seguiré queriendo", "Stress", "Ojalá", "Todo se paga", "Amor que mata", "Lo que se dice olvidar", "Reencuentro", "Nada se compara contigo", "Te olvidaré", "El Último Romántico", "A ti mi amor", "Al acecho", "Más romántico que nadie", "Ni tu ni ella", "Espacios vacíos", y "Aléjate de mí", entre muchas otras.

En 2006 grabó con **José Feliciano** los temas "**No me vuelvo a enamorar**" y "**He venido a pedirte perdón**" incluidos en el álbum Álvaro Torres Interpreta a Juan Gabriel en Boleros.

Su trabajo le ha hecho merecedor de varios de oro y de platino.

Mientras vivió en Guatemala grabó sus primeros discos titulados "Acaríciame", "Qué Lástima", "De Qué me Sirve Quererte" y "Ángel de Ternura".

XIV. CHILE

La bolerística en este país tiene figuras relevantes en la interpretación y la composición.

XIV.1. Ginette Acevedo, es nombre artístico de la cantante *Mirna Jinett Acevedo Palma*, que nació en San Fernando, antigua provincia de Colchagua, el 15 de abril de 1942.

En dos ocasiones ganó el Festival Internacional de la Canción de Viña del Mar.

Grabo con las disqueras RCA Víctor de Chile, Argentina y Venezuela y Philips.

Popularizó los temas **"Poema XX"**, **"Mis noches sin ti"**, **"Cariño malo"**, **"Arriba en la cordillera"**.

En 1962 la disquera RCA Víctor Chile le grabó el álbum **"La voz de la ternura"**.

XIV.2. Rosamel Araya nombre artístico del cantante *Héctor Rosamel Araya Plaza*, nació en San Antonio, Región de Valparaíso, el 30 de agosto de 1936 y murió en Buenos Aires, Argentina, el 12 de febrero de 1996.

En 1958 se integró al grupo "Gatos Fantasmas", de Mendoza, Argentina, con el cual recorrió primero ese país y después el resto de América Latina.

Se radicó en Argentina.

Sus principales éxitos fueron los temas "Quémame los ojos", "Arrepentida", "Nuestro juramento", "Dos almas", "La copa rota", "Amor prohibido", "Alma, corazón y vida", "Usted", "Toda una vida", "Lamento borincano", "La nave del olvido", "No", "Lágrimas del alma", "Propiedad privada" y "La carta".

XIV.2. **Lucho Gatica** fue el nombre artístico del cantante, músico y compositor *Luis Enrique Gatica Silva*, que nació en Rancagua el 11 de agosto de 1928 y falleció en Ciudad de México el 13 de noviembre de 2018

Fue llamado "*El Rey del Bolero*".

A los 18 años fue presentarlo al locutor radial Raúl Matas, moderador del programa La feria de los deseos, donde actuó por primera vez con la canción "**Tú, dónde estás**".

Este mismo personaje lo hizo conocer en Santiago de Chile al Trío "Los Peregrinos", con quien grabó los boleros "Contigo en la distancia" y "Sinceridad".

En 1953 grabó, pero con la orquesta del británico Maestro Roberto Inglez, su versión del tema de Consuelo Velázquez, "**Bésame mucho**".

Tres años después inició una gira al exterior que lo llevó a Venezuela, En 1957, decidió radicarse en México, donde lanzó los temas "**No me platiques**", "**Tú me acostumbraste**" y "**Voy a apagar la luz**",

En 1958, fue presentado su primer disco en formato LP.

Popularizó el bolero "**El Reloj**".

Su discografía incompleta comprende los álbumes Inolvidables con Lucho, El gran Gatica y Encadenados (1958), Mis primeros éxitos (1964), Simplemente María (1976), 40 años cantándole al amor (1992), Historia de un amor (2013) 50 canciones inmortales.

XIV.3. **Palmenia Pizarro**, es el nombre artístico de la cantante *Palmenia del Carmen Pizarro González*, quien nació en San Felipe, Región de Valparaíso, el 19 de julio de 1941.

Inició sus actividades profesionales en 1961, Grabó con las disqueras EMI Music, Magic Récords, Philips Récords, Embassy, CBS, BMG, Sony Music, Feria Music
Web

Sitio web: www.palmeniapizarro.cl

A los 16 años su participación en algunas emisoras radiales de Santiago de Chile la honraron con la mención "Mejor Intérprete Folklórica".

El tema "**Cariño malo**", del compositor peruano Augusto Polo Campos, logró su consagración.

Durante su estada en México, de la mano de Chavela Vargas, hizo una gran carrera que le permitió presentarse en países como Australia, Estados Unidos, Argentina y Japón, donde grabó dos canciones en japonés.

Su extensa discografía está conformada, entre otros, por los álbumes Un Corazón que canta, Palmenia, Siempre Palmenia, Sonríele a la vida, Boleros Inmortales, Reencuentro, Contigo viviré, 35 años de canto y "Reencuentro".

XIV.4. Antonio Prieto, nombre artístico del cantante y actor de cine *Juan Antonio Prieto Espinoza*, quien nació en Iquique el 26 de mayo de 1926 y falleció en Santiago de Chile el 14 de julio 2011.

Actuó, además de Chile, en diversos países latinoamericanos y europeos-

Grabó más de mil canciones. La más conocida fue "**La novia**".

Estuvo en actividad desde 1949 hasta 2011.

Sus inicios fueron en un popular espectáculo radial llamado La Feria de los Deseos, que conducía el conocido locutor Raúl Matas, en la Radio Minería de Santiago de Chile, donde interpretó el tema "**Tú ¿Dónde estás?**" que le granjeó reconocimiento instantáneo y le permitió fundar su carrera.

En 1953 fue crooner de la Orquesta Casino de Sevilla de España, y con ellos Prieto grabó "**Las oscuras golondrinas**" y "**El mar y tú**".

Su primer éxito en el extranjero lo obtuvo en Argentina con el tema "**Violetas imperiales**".[xxxvi]

XIV.5. Los Ángeles Negros es una banda musical fundada en San Carlos (actual Región de Ñuble) en marzo de 1968 por los músicos **Cristián Blasser** y **Mario Gutiérrez**, quienes entonces reclutaron a **Sergio Rojas** y **Germaín de la Fuente**. Desde su creación, alcanzó rápidamente la fama internacional, pero en 1973 comenzó una crisis que derivó en la renuncia de Germaín de la Fuente a la banda en 1974 para continuar un proyecto personal en México, denominado Germaín y Sus Ángeles Negros.

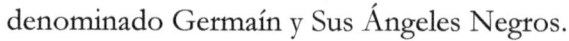

El resto del grupo, entonces dirigido por Nano Concha, con Luis Astudillo en la batería y con el nuevo vocalista, Ismael Montes, continuó su carrera en Chile, manteniendo a México como uno de sus principales lugares de presentaciones.

En 1982 volvió a dividirse.

La agrupación ha actuado en Ecuador, Perú, Uruguay, Paraguay, Bolivia, Colombia, parte de Brasil, Venezuela, Centroamérica, Estados Unidos, Canadá, Puerto Rico, República Dominicana, Curazao, Aruba y, por último, a fines de 1971, México, donde estableció su domicilio en 1982.

La banda influenció diversas agrupaciones latinoamericanas surgidas en las décadas de 1960 y de 1970. Entre otros grupos musicales, se pueden mencionar a los chilenos Los Galos, Los Golpes o Capablanca, los peruanos Los Pasteles Verdes y los venezolanos Los

Terrícolas. Durante la década de 1990, la banda influenció además a nuevas agrupaciones mexicanas, pertenecientes al género grupero, surgidas en la frontera con los Estados Unidos.

De sus distintas etapas son los álbumes que siguen: Porque te quiero, Y volveré, Quiero más de ti, Esta noche la paso contigo, La cita, El tren hacia el olvido, Déjenme si estoy llorando, Quédate en mis sueños, Aplaude mi final, Mi vida como un carrusel, Despacito, Serenata sin luna, Pasión y vida, Locamente mía, Toda una vida, El esperado regreso y Metamorfosis, entre otros.[xxxvii]

XV. PERÚ

Este país aportó a la historia de la música popular el Bolero Cantinero, así como figuras emblemáticas del género tanto en el campo de la composición como en la interpretación.

XV.1. Los Pasteles Verdes fue fundado en 1970 en Chimbote y originalmente estuvo integrado por *Aldo Guibovich* (voz), *Hugo Acuña Lecca* (guitarra), *César Acuña* (teclados), *Miguel Moreno* (bajo), *Ernesto Pozo* (batería), *Raúl Padilla* (percusiones) y *Germán Laos* (cantante tropical), todos estudiantes del colegio San Pedro, donde dieron sus primeros pasos musicales, convirtiéndose en una sensación entre compañeros de colegio y amistades.

Los datos que anteceden, como los que siguen, fueron extraídos de *Wikipedia, la enciclopedia libre.*

Después de numerosas presentaciones menores en fiestas y festivales, -señala la fuente- el 13 de octubre de 1973 los directivos de INFOPESA, la empresa discográfica de mayor proyección en el Perú de aquel entonces les da la oportunidad de grabar dos temas, "**Puertos Queridos**" (tropical), interpretado por Germán Laos, y "**Angelitos Negros**".

El éxito, obligó a la disquera a producir el primer LP del grupo con temas como "**El reloj**", "**Recuerdos de una noche**" y "**El presidiario**" con los que reafirmaron su triunfo. Con el primero logró el primer Disco de Oro.

Estos fueron algunos de sus álbumes. Recuerdos de una Noche, Con mucho amor, Mañana de amor, Mi amor imposible, Ámame,

ámame, Esclavo y amo, Los Pasteles Verdes en USA, Ruega por nosotros, 15 Éxitos de Los Pasteles Verdes y Corazón solitario.[xxxviii]

XV.2. **Pedro Otiniano**, nombre artístico de *Pedro Otiniano Chiesa*, que nació en Lima el 27 de marzo de 1937 y falleció en la misma ciudad el 2 de agosto de 2012.

Fue llamado "***El Ruiseñor del Amor***" y también "***Pedrito Otiniano***". A los 9 años interpretó en Radio Mundial el vals peruano "Fatalidad" y a los 19 ganó un festival en Radio Excelsior que marcó su camino hacia el bolero cantinero.

Formó parte de los tríos "Continental" y "Los Troveros".

Grabó más de 600 boleros y cantó en portugués, español y japonés.

Su repertorio estuvo formado, entre otros, por los temas "Cinco centavitos", "Ay cariño", "Tres amores", "Toda una vida", "Vida de mi vida", "Que te vaya bien", "Mil amores", "Pintor" y "Doce campanadas".

XV.3. **Lucho Barrios**, cantante y compositor, nació en El Callao el 22 de abril de 1935 y falleció en Lima el 5 de mayo de 2010.

Formó el trío "Los Incas", de efímera vida.

Viajó a Ecuador invitado por **Julio Jaramillo**.

Grabó discos sencillos con el sello disquero Smith.

Además de Ecuador, actuó exitosamente en Chile, Francia. En Perú firmó con el sello disquero MAG, grabando temas exitosos como "Marabú", "Me engañas mujer", "Mentirosa", "Te alejas", "Copas de licor", "Mala", "Adúltera", "Mirando y sonriendo", "Borrasca", "Nido de amor" y muchos más. Grabó también con Sono Radio, pero fue con IEMPSA que grabó la mayoría de sus grandes temas, como "Oh pintor", "El retrato de mamá", "Dos medallitas", "Mi viejo", "Amor de pobre", "No me amenaces", "Cruel condena", "El día más hermoso" y la reedición de su éxito "Marabú", así como una variedad de LP del sello Odeón Iempsa.

En 1961, volvió a Chile, en cuya capital grabó su primer Long Play, creciendo aún más su fama en ese país, Argentina, México, e incluso en los Estados Unidos.

Fue llamado "*El Rey delo Bolero*" y "*Mister Marabú*".

Así reportó su fallecimiento el 5 de mayo de 2010 el periódico *Vanguardia* de México:

Muere Lucho Barrios, compositor de "Mi niña bonita"

Lima, Perú. - El cantante y compositor peruano Luis "Lucho" Barrios, autor de temas como "Mi niña bonita", falleció hoy aquí, dos días después de sufrir un infarto cardiaco masivo y una trombosis pulmonar, informaron fuentes médicas. Barrios ingresó el lunes pasado a la unidad de cuidados intensivos del Hospital 2 de mayo, donde murió este miércoles.

Conocido como "Lucho", Barrios nació en el puerto capitalino de El Callao, el 22 de abril de 1935, donde se crio hasta los nueve años y después vivió en la Calle Penitencia, en la zona de Barrios Altos, cuna de grandes artistas e intérpretes.

Estudió en la Escuela Nacional de Opera, formó parte del grupo folklórico Pacha Mama, estuvo en el trío Los Incas y luego como solista grabó discos sencillos con el sello disquero Smith.

Compartió inquietudes musicales con el cantante ecuatoriano Julio Jaramillo, quien lo invitó a cantar a Ecuador y uno de sus primeros éxitos fue el vals "Juanita".

En Perú grabó los boleros titulados "Marabú", "Me engañas mujer", "Mentirosa", "Te alejas" y "Copas de licor", entre otros, y con sus éxitos recorrió varios países del continente.

En Chile, Lucho Barrio grabó, entre muchos otros temas, "La joya del Pacífico", del compositor chileno Víctor Acosta, que se convirtió en un verdadero himno del puerto de Valparaíso.

En el año 2002 el gobierno del presidente chileno Ricardo Lagos lo condecoró por ser un artista peruano ejemplar, por su gran aporte a la música popular y su fuerte arraigo entre el pueblo chileno.

"Lucho" Barrios, quien recibió además un premio de la Organización de Estados Americanos (OEA) por su trabajo en favor del acercamiento de los pueblos a través del canto, tenía como su tema favorito "Mi niña bonita", la cual dedicó a todas las mujeres del mundo.

XV.4. Trío "Los Morunos". En su primera época, que se extendió desde 1961 hasta 1974, estuvo integrado por *Manuel Ortiz, Guillermo Medina* y *Alfredo Aguirre.*

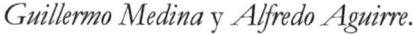

Grabó sus primeros hits de 45 rpm y LP en Sono Radio y ganó el Festival de Trujillo con el bolero "**Yo volveré**". Sus temas se pusieron de moda e hizo presentaciones en todo el territorio peruano. Fueron ellos, además del anterior, entre otros, "Adelante", "Egoísta", "Cien Puñales", "Yo te quiso", "Mi perdición", "Osito de felpa" y "Shua".

En 1974 el trío se presentaba en el Restaurante Turístico El Tambo y allí fue contratado para actuar en Toronto, Canadá. Ese mismo año Guillermo Medina viajó a New York donde fijó su residencia; Alfredo Aguirre regresó al Perú y formó el cuarteto Los Hnos. Aguirre y Manuel Ortiz pasó en 1976 a formar parte del Trío Los Panchos.

La nueva etapa del trío se inició en 1978 y tuvo como integrantes a Manuel Ortiz, Modesto Pastor y Luis Silva.

XV.5. Los Hermanos Castro es un grupo musical que comenzó en 1969 como un dúo de los hermanos *Elvia* y *Lucho Castro* y al presentarse al programa radial "Trampolín a la fama" con su tema **"Igual que Magdalena"** y ahí comenzó el despegue musical.

Posteriormente se integraron Benito Castro, Gualberto Castro y Arturo Castro, Shessira, Marlon, Karlos y Luigi.

Entre los principales temas de su repertorio se cuentan "Con tinta roja", "Justo ahora me olvidas", ¿A qué has venido?!, "Igual que Magdalena", "Triste me voy", "Lléname más la copa", "Y nunca más", "La del vestido de novia", "Por nada del mundo", "Luto en el alma" y "Todo por nada".

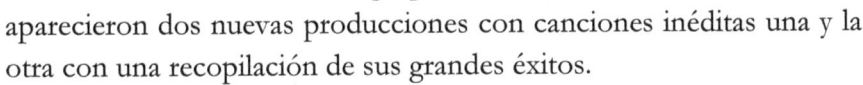

En septiembre de 2019, con motivo del 49 aniversario del grupo, aparecieron dos nuevas producciones con canciones inéditas una y la otra con una recopilación de sus grandes éxitos.

En tal ocasión era dirigido por Lucho Castro y lo integraban sus hijos Marlon, Shessira y Luigui.[xxxix]

XV.6. Johnny Farfán, es el nombre artístico del cantante y compositor *Julio Gárate Farfán*, quien nació en Lima el 17 de enero de 1943.

Se le llama la "***Voz elegante del Bolero***" y es considerado uno de los tres grandes fundadores de esta corriente musical en ese país, junto a Lucho Barrios y Pedrito Otiniano.

Sus canciones, ya clásicas, son: "Señor Abogado", "El oro de tu pelo", "Ñatita", "Humo y licor", "Por qué un himno de paz", "El brillo de tus ojos", "Déjame verla una vez más", "Mi niña de ayer" y del conocidísimo "Se llama María" entre otras.[xl]

XV.7. Iván Cruz, es el nombre artístico del cantante, compositor y músico *Víctor Francisco de la Cruz Dávila*, quien nació en El Callado el 10 de enero de 1946

Es llamado "***El Ídolo del Bolero***".

Entre sus composiciones se cuentan "Me dices que te vas", "Vagabundo", "Ajena" y "Yo le doy Gracias a Dios".

Inició su carrera en 1973 como cantante de baladas hasta que, en 1975, el director artístico del sello FTA (RCA Víctor), Marco Antonio Collazos, le recomendó que comenzara a cantar boleros grabando así sus primeros dos sencillos: "**Me dices que te vas**" y "**Mozo, deme otra copa**".

Su trabajo ha sido recompensado con varios discos de oro y de platino.

Grabó diez discos en Perú y tres en Venezuela y alrededor de 200 sencillos.

En 2015, el sello discográfico Infopesa, publicó un álbum que tituló El Disco de Oro, donde se recopilan sus temas más emblemáticos.[xli]

XV.8. Gaby Zevallos, cantante, nació en El Callao en fecha no determinada de 1948 y murió en Lima el 11 de julio de 2016.

Fue llamada "*La Reina del Bolero*" y es un referente histórico del bolero peruano.

Gaby Zevallos, la peruana que llevó al bolero los éxitos de Juan Gabriel

En 1997 grabó un CD con temas de **Juan Gabriel**, distribuido por un periódico de circulación nacional. Constó de 13 de los más populares temas del afamado cantautor mexicano con temas como "Amor eterno", "Costumbres", "Así fue", "Frente a frente" y "Hasta que te conocí" entro otros grandes éxitos.

Se dio a conocer en un programa radial de nuevas voces dirigido por quien después sería su esposo y mánager.

"Tenga cuidado señora", de Alejandro Laguna, fue una de sus últimas grabaciones; sin embargo, su público le seguía pidiendo los clásicos temas. "Ese hombre", "Popurrí homenaje a Virginia López", "Que me perdonen los dos", "Acepto mi destino", "Mi súplica", "Penumbra", "El amor y el querer", "Me gustas" y "Ella" entre otros, además de los temas de Juan Gabriel.

Sus temas más recordados son "Señora", "Ella" y "Mal hombre", pero el que tuvo mayor venta fue "Corazón Herido", grabado en la disquera Infopesa.[xlii]

XV.9. Guiller, nombre artístico de *Guillermo Caldas*, cantante y compositor. Es conocido en el mundo del bolero cantinero como Guiller, "*El Rey de las Cantinas*". Autor, entre otros, de los boleros cantineros "**Qué pena**", "**Pregúntate**" y "**Pronto partiré**".[xliii]

XVI. ARGENTINA

A pesar del arraigo del tango, este país ha hecho grandes aportes a la bolerística, tanto en el canto como en la composición. Algunas figuras importantes del universo bolerístico argentino son las que siguen:

XVI.1. Carlos Argentino, nombre artístico del cantante *Israel Viteńszteim Vurm*, que nació en Buenos Aires el 23 de junio de 1929 y falleció en la misma ciudad el 20 de junio de 1991. Inicialmente utilizó el seudónimo de Carlos Torres. Fue conocido como "*El Rey de la Charanga*".

Comenzó su carrera profesional en las orquestas de Luis Rolero y la de Raúl Marengo realizando presentaciones en Perú y Chile. Luego viajó a Colombia con la orquesta de Efraín Orozco.

Se lee en Wikipedia, la enciclopedia libre que "*Algo muy curioso pasó en dicho viaje, ya que había un cantante colombiano llamado Carlos Torres, y para poder diferenciarse se agregó su patronímico, quedando como Carlos Torres Argentino, para luego consagrarse artísticamente como Carlos Argentino*".

También viajó en 1952 a La Habana, donde trabajó con las orquestas de Felo Bergaza, Arnoldo Nalli y Julio Cuevas y finalmente se incorporó a la Orquesta Sonora Matancera, con la cual grabó el 17 de agosto de 1956 su primer disco de 78 rpm.

Entre sus interpretaciones bolerísticas se cuentan los títulos "**Alma vendida**", "**No pidas más perdón**", "**Cruel indiferencia**", "**El amor no existe**" y "**Cuando tú seas mía**".[xliv]

XVI.2. Manuela Bravo es una cantante y actriz nacida el 12 de enero de 1954 en la ciudad de La Plata.

Su primer disco simple se llamó "El fruto de nuestro amor". Con el tema **"A que no te vas"** ganó el Tercer Festival Nacional e Internacional de la Canción, en Buga (Colombia).

Participó de la Feria del Milagro, Ecuador, junto a Julio Iglesias y Raphael. En Nueva York se impuso con el tema **"Me está gustando"**, que estuvo un mes en la televisión neoyorquina.

En 1976, la empresa discográfica CBS editó su álbum Bésame mucho, que incluye temas exitosos entre los que se encuentran: "Hoy", "Amor y duda", y "Me está gustando", entre otros.

La misma empresa editó luego su disco "A mi manera".

También grabó los álbumes Manuela Bravo, Ámame ahora con la lluvia, Vivir, Zona prohibida, Persona a persona, 20 secretos de amor y Hablo de vivir, entre muchos otros.

XVI.3. Horacio Casares, nombre artístico del cantante y actor *Ignacio Andrés Mobilio*, quien nació en Buenos Aires el 26 de septiembre de 1932 y falleció en la misma ciudad el 25 de agosto de 2009.

Fue llamado "*El Galán Cantor*". Además de bolero, cantó también tango.

Realizó giras artísticas por Perú, Chile, Uruguay, México y Brasil.

Entre sus cuentan "Hasta siempre amor", "Llámame amor mío", "Lloremos, "Flor de lino", "Cuándo, Cuándo, Cuándo", "Mensajero", "Envidias", "Siete notas", "Un desolado corazón" y "Cuando llegue el fin del mundo".

XVI.4. Mario Clavell, es el nombre artístico del cantante, actor, músico y compositor *Miguel Mario Clavell*, quien nació en Ayacucho el 9 de octubre de 1922 y falleció en Buenos Aires el 10 de marzo de 2011.

Debutó a los 9 años como solista en la fiesta de Fin de Cursos del Colegio San José, de Tandil y en el coro de la Iglesia Parroquial.

A los 18 años se inició profesionalmente como crooner en el conjunto de jazz de Adolfo Carabelli, en Radio Belgrano con el seudónimo de Mario Clawell. Luego trabajó para una relevante compañía de seguros.

En 1944 estrenó una de sus primeras canciones y luego, gracias al mexicano Juan Arvizu, fue presentado en la Editorial Julio Korn, donde hizo sus primeros contratos de edición.

Sus más grandes éxitos fueron interpretados por diversos cantantes y orquestas del país como Leo Marini, Gregorio Barrios, Libertad Lamarque y Pedro Vargas.

En sus comienzos como autor, se destacó con los temas "¿Por qué?", "¿Qué será de mí?", "Hasta siempre", "Porque tú lo quieres", "Mi carta", "Somos" y "Abrázame así".

Su labor artística fue reconocida con diversas distinciones.

XVI.5 Alberto Cortez es el nombre artístico de *José Alberto García Gallo*, cantautor y guitarrista, quien nació en Rancui, La Pampa, el 11 de marzo de 1940 y murió en Madrid, España, el 4 de abril de 2019.

Sus temas más conocidos son, entre otros, "En un rincón del alma", "Cuando un amigo se va", "Callejero",

"Mi árbol y yo", "A partir de mañana", "Manolo", "Te llegará una rosa", "Castillos en el aire" y "El abuelo".

Con el cantautor Facundo Cabral grabó cuatro discos y realizó exitosas giras por América Latina.

Su discografía superó los 40 álbumes, entre ellos Boleros, Poemas y canciones, Lo mejor de Alberto Cortez, Poemas y canciones, dos volúmenes, Distancia, No soy de aquí, Pensares y sentires y No soy de aquí.

XVI.6. Leo Marini es el nombre artístico del cantante y actor *Alberto Batet Vitali*, quien nació en Mendoza el 23 de agosto de 1920 y falleció en la misma ciudad el 15 de octubre de 2000.

Estuvo en actividad desde 1942 hasta 1999, Fue llamado "***La Voz que acaricia***".

Grabó con las disqueras Odeón y Seeco Récords.

Su primera actuación fue en la emisora de radio de Mendoza.

Con un grupo de amigos, en 1941 viaja a Chile, donde fue contratado para cantar en salas de baile y radio de Valparaíso y Viña del Mar.

Posteriormente una gira artística lo llevó, en 1948, a Venezuela, Cuba, Puerto Rico, República Dominicana y de nuevo Venezuela. Realizó una nueva gira, esta vez por Perú, Ecuador y Colombia, donde presenció el Bogotazo.

En 1978 fue condecorado por el entonces presidente de Venezuela, Carlos Andrés Pérez, junto a Libertad Lamarque, Toña la Negra, Bobby Capó, Dámaso Pérez Prado y Pedro Vargas.

En ese país en 1980, Renato Capriles, director de la orquesta de baile "Los Melódicos", solicitó sus servicios como vocalista invitado en el primer disco de la Orquesta La Grande.

Su repertorio estuvo conformado, entre muchos otros, por los boleros "Virgen de medianoche", "Llanto de luna", "Ya lo verás", "Caribe soy", "Puedes irte de mí" "Inútilmente", "Cerca de ti" y "Yo contigo me voy".

Formó parte de la orquesta Sonora Matancera y el primer tema grabado con la agrupación fue "Luna yumurina", siguiéndole "Quiero un trago tabernero", "Mi desolación" y "Desde que te vi".

XVI.7. Chico Novarro es el nombre artístico del cantautor *Bernardo Mitnik*, que nació en Santa Fe el 4 de septiembre de 1934.

Inició su carrera profesional en 1955 y ha grabado en las disqueras RCA Víctor, CBS, Microfon, Polygram (Philips) y Suramusic.

En el campo de la música pop integró el elenco del Club del Clan desde 1962 hasta 1964. Es autor de casi seiscientas canciones, obras de teatro y música para shows y películas.

Además de bolero canta jazz, rock, pop y cumbia.

En 1965 escribió su primer tango, "**Nuestro balance**", con el que ganó en el Festival del Parque del Plata en Uruguay.

Entre sus composiciones se encuentran "Algo contigo", "Un sábado más" y "Cuenta conmigo", tema que ganó en 1979 el festival de la OTI, interpretado por Daniel Riolobos.

Sus temas han sido también interpretados, entre otros, por los cantantes José José y Tito Rodríguez quien también interpretó en bolero sus tangos "Nuestro balance", "Cómo" y "El último acto".

Su discografía comprende, entre muchos otros álbumes, los títulos Alegre y romántico, Algo contigo, Arráncame la vida, El amor continúa, La noche. Mi mejor amante y Grandes éxitos.

XVI.8. Eduardo Farrel, fue un cantante que nació en Buenos Aires en fecha no establecida de 1920 y falleció en la misma ciudad el 21 de junio de 1997.

Actuó en escenarios de México, Venezuela, Perú, Cuba, Puerto Rico, Jamaica, Trinidad y Tobago, Colombia, Martinica y los Estados Unidos, donde grabó una versión en inglés de "El Choclo".

En Argentina cantó junto a **Roberto Yanés** en el Canal 9.

Tenía un título de químico.

En 1943 realiza su primera grabación con la orquesta de René Cóspito: contentiva de los temas **"Queja Caribe"** y **"Al Compás del Ritmo"**.

Fue artista exclusivo de Radio Belgrano y Radio Splendid.

La mayoría de sus temas fueron grabados por las discográficas Odeón y Music Hall.

Estos fueron algunos de sus éxitos: "Nada más", "Quiéreme mucho", "Quisiera ser tu canción", "Dos almas", "Hablemos claramente", "La noche es nuestra", "Beso", "Reloj", "El Choclo", "Pasito", "Mariquilla Bonita", "Toda una vida", "Nosotros" y "Hoja seca".

XVI.9. Raúl Carrell, nombre artístico del cantante y actor *Oscar Raúl de Cicco*, que nació en Buenos Aires el 28 de noviembre de 1926 y falleció en la misma ciudad el 21 de octubre de 2003.

Fue llamado "*El Último Romántico*".

Grabó con las disqueras Odeón y Music Hall.

Debutó como cantante en la orquesta de Carlos Marcucci con el seudónimo de **Raúl Morel**, pero su paso por el tango, entonces, fue fugaz.

En 1949 se volcó al género melódico, reemplazando a Carlos Argentino en la orquesta de Dajos Bela.

Reemplazó en el Trío Los Panchos a Hernán Avilés debido a enfermedad y tuvo gran popularidad en el exterior.

En Caracas, por ejemplo, fue acompañado por Agustín Lara y su decisión de orientarse hacia la música romántica se la impuso un consejo de José Mojica.

Grabó 14 discos y con el bolero recorrió el mundo siendo galardonado con importantes premios, permaneciendo seis años en cartel en Brasil donde cantó con las orquestas de Luis Bonfá, Roberto Inglez y Héctor Lagna Fietta, y causando verdadera sensación en Portugal.

La fuente consultada no indica su discografía ni sus éxitos.

XVI.10. Palito Ortega es el nombre artístico *Ramón Bautista Ortega*, del cantautor, actor, productor discográfico, director de cine y político, que nació en Lules, Tucumán, el 8 de marzo de 1941.

Desde la década de 1960 integró el grupo musical El Club del Clan, que tuvo una relevante repercusión y se mantuvo durante varios años.

Entre 1991 y 1995 se desempeñó como gobernador de Tucumán y entre 1995 y 2000 fue senador por la misma provincia.

Ha filmado 33 películas y como cantante vendió más de 28 millones de discos de sus éxitos **"Despeinada"** y **"La felicidad"**.

Su extensa discografía, grabada casi toda por el sello RCA Víctor, comprende entre otros muchos álbumes los títulos Palito Ortega, Palito siempre primero, Internacional, Canta boleros en Río, Mi primera novia, Impacto, Un muchacho como yo, El magnetismo de Palito Ortega, El creador, Muchacho de oro, Viva la vida, Un canto a la vida, Me gusta ser como soy, El fenómeno, La sonrisa de mamá y Palito como nunca.

El mismo sello realizó las siguientes recopilaciones: Lo mejor de Palito Ortega, Corazón contento, Canciones románticas, Lo mejor de Palito Ortega, dos volúmenes y Ayer, hoy y siempre.

XVI.11. Daniel Riolobos es el nombre artístico del cantante *Pedro Nicasio Riolobos*, que nació en Godoy Cruz, Mendoza, el 14 de diciembre de 1932 y falleció en México el 17 de junio de 1992.

Cantó por primera vez en la radio a los cinco años.

Estuvo en Chile, donde comenzó a presentarse como crooner de la  orquesta dirigida por Roberto Inglez hasta que reemplazó al chileno Lucho Gatica. Gracias al éxito obtenido, se lanzó como solista en Venezuela, Cuba, Puerto Rico, Estados Unidos y México, país donde se radicó en 1958.

Su discografía consta, entre otros títulos, de los álbumes La voz de América, A Tropical Evening with Daniel Riolobos, Solo pienso en ti, Romántico, El día que me quieras, Por y para mis amigos, La música de ayer, hoy y siempre, La voz y la personalidad de Daniel Riolobos, Los Éxitos de Daniel Riolobos, De hombre a hombre, Grandes Éxitos, La noche de anoche Románticamente Tuyo y 20 Secretos de Amor.

XVI.12. Elio Roca, es el nombre artístico del cantautor, actor y político *Roberto Orlando Bracone Macceiali*, que nació en Sáenz Peña, Chaco el 31 de julio de 1943.

Lanzó su álbum debut, Bella, bionda, Carina, en 1965. Es conocido por los sencillos "Deseo ser tu amor", "Te necesito tanto, amor" y "Yo quiero dibujarte".

Debutó a los 7 años, cantando en el programa televisivo Ronda infantil.

En 1966 la compañía discográfica Polydor lanzó el álbum El mundo de Elio Roca, donde grabó los temas "Nadie me puede juzgar" y "El amor".

En 1970 ganó el primer premio en el Festival de Punta del Este (Uruguay), con una canción de su autoría, "Cuando el amor se da" y luego consiguió igual premiación en el Festival TV de la Canción (de Canal 13 de Buenos Aires), con una canción suya "Sembremos paz y amor por los caminos".

Ese mismo año grabó canciones muy exitosas como "El triste", "Cómo deseo ser tu amor" y "Otra vez junto a ti".

En 1992 grabó el disco de boleros De mil amores.

Su discografía, casi toda graba por el sello Polydor, consta entre otros por los álbumes "Elio Roca", "El mundo de Elio Roca", "Poema de amor", "Yo canto", "Vas a pensar en mí", "Por fin logré tener tu amor", "Contigo y aquí", "Porque te quiero, es mi única verdad", "Mientras pasa el tiempo" y "Te extrañaré donde estés"

XVI.13. **Sandro** es el nombre artístico del cantautor, director de cine, actor y guitarrista, *Roberto Sánchez Ocampo*, quien nació en Buenos Aires el 19 de agosto de 1945 y falleció el 4 de enero de 2010 en Guaymallén, Mendoza.

Fue llamado "***Sandro de América***".

En 2005 obtuvo el Premio Grammy Latino a la Excelencia Musical y grabó 52 álbumes originales.

Sus temas más exitosos fueron, entre muchos otros: "Dame el fuego de tu amor", "Rosa Rosa", "Quiero llenarme de ti", "Penumbras", "Porque yo te amo", "Así", "Mi amigo el Puma", "Tengo", "Trigal y "Una muchacha y una guitarra".

Igualmente, durante su carrera realizó 16 películas, y además fue el primer latinoamericano en cantar en el salón Felt Forum del Madison Square Garden.

Entre sus principales álbumes se encuentran los títulos:

Presentando a Sandro (1964) editado en 1998. Contiene los simples editados previamente a su primer álbum Sandro y Los de Fuego (1965), Al calor de Sandro y Los de Fuego (1966), El sorprendente mundo de Sandro (1966), Alma y fuego (1966), Beat Latino (1967), Quiero llenarme de ti (1968), Una muchacha y una guitarra (1968), La magia de Sandro (1968), Sandro después de diez años (1973), Sandro... Siempre Sandro (1974), Para mamá (2001). Mi vida, mi música (2003), Amor gitano (2004) y Secretamente palabras de amor (2006).

XVI.14. Roberto Yanés es el nombre artístico del cantautor, pianista y actor *Roberto César Iannacone*, quien nació en Villa de María del Río Seco, provincia de Córdoba el 25 de abril de 1932 y falleció en Buenos Aires el 30 de mayo de 2019.

Durante su niñez cantó en la radio y luego estudió música en el

Conservatorio Provincial de Música. Durante su servicio militar, realizó presentaciones en el casino de oficiales.

En 1958 firmó como solista con la disquera CBS. Con este sello grabó "Dónde estará mi vida" y "El espejo", temas que alcanzaron un relativo éxito.

En 1963 grabó con Astor Piazzolla un EP con los temas "Cafetín de Buenos Aires", "Margarita Gauthier", "Fuimos" y Griseta".

Su repertorio incluyó también los temas "Camino del puente»" "Si me comprendieras", "Volver", "Contigo en la distancia" y "El reloj".

De su autoría son las canciones "Querer como nadie" y "Te desafío".

Grabó 80 discos, entre ellos los álbumes Corazón a corazón, Momentos íntimos, Un poquito, La última cita, Cualquiera y En la intimidad.

XVII. PUERTO RICO

Después de Cuba y México es este país el que más produjo boleristas, compositores y grupos musicales.

XVII.1. Johnny Albino, es el nombre del cantante y guitarrista *Juan Antonio Albino Ortiz* que nació en Yauco y falleció en Nueva York el 7 de mayo de 2011.

Estuvo en actividad desde 1946 hasta 1995.

En 1946, formó su primer Trío San Juan con Jaime Gozilez, primera guitarra, y José Ramón Ortiz, segunda voz. El grupo debutó en la ciudad de Nueva York. Sin embargo, el salto a la fama de Albino vino como vocalista con algunos de los tríos más famosos de esa época.

Con el Trío San Juan, cantó canciones muy conocidas y ahora clásicas, tales como "Cosas como tú", "No sigamos pecando", "Plazos traicioneros", "Vuelve Cuando Quieres" y "Por el bien de los dos"

Formó parte del Trío Los Panchos y también trabajó con estrellas tales como Frank Sinatra, Sammy Davis, Eydie Gormé, Xavier Gugat, Nat King Cole y Steve Lawrence. Él también trabajó con, incluyendo dos álbumes que grabaron juntos, sin el resto del trío.

Su discografía incluye más de 300 álbumes. Realizó numerosas giras de conciertos por todo el mundo en lugares como Japón, Hong Kong, Singapur, Egipto, Israel, y por toda Europa y América Latina.

XVII.2. Chucho Avellanet es el nombre artístico del cantante y actor *Armando Hipólito Avellanet González*, quien nació en Mayagüez el 13 de agosto de 1941.

Su primera presentación formal fue como telonero de Myrta Silva, en el Tropicoro Room del hotel San Juan en Carolina, Puerto Rico.

Su primer álbum llevó como título Fugitiva. "Magia blanca" constituyó su primer éxito-. Por esa época grabó Fugitiva, su primer álbum. Su primer "hit" fue "Magia blanca", una versión en español de la canción Devil woman de Marty Robbins y posteriormente alcanzó proyección internacional con "Jamás te olvidaré", una versión de I Can't Stop Loving You.

Con el sello discográfico United Artist grabó 15 producciones. También grabó con las disqueras DiscoHit, RicoVox, El Palacio de la Música (Venezuela), Velvet de Venezuela, Velvet de Puerto Rico, TH Récords, Artomax Studio, InnerCat Music Group y Apollo Music.

XVII.3. Hernando Avilés es el nombre artístico del cantante, compositor y guitarrista *Herminio Avilés Negrón*, quien nació en San Juan de Puerto Rico el 1 de febrero de 1914 y falleció en Ciudad de México el 26 de julio de 1986.

Estuvo en actividad desde 1937 hasta 1986.

Su carrera profesional comenzó en 1932 cuando formó parte del Trío Los Antillanos, luego del Trío Los Gauchos y después del Trío Las Tres Guitarras. Desde 1941 hasta 1944 formó el Dueto Azteca junto con el cantante mexicano Sotero San Miguel. También fue solista de varias orquestas.

En 1944 constituyó en Nueva York, junto con Alfredo Gil y Chucho Navarro, el Trío Los Panchos, del cual fue primera voz.

En 1952 formó el Cuarteto Avilés y seis años más tarde integró el Trio Los Tres Reyes.

XVII.4. Bobby Capó, es el nombre artístico del cantante, músico y compositor *Félix Manuel Rodríguez Capó*, quien nació en San Juan de Puerto Rico el 1 de enero de 1921 y falleció en Barcelona, España, el 18 de diciembre de 1989.

Una de sus composiciones más conocidas es el bolero "Piel canela". También es el autor de los temas "Y llorando me dormí", "Luna de miel en Puerto Rico" y "Soñando con Puerto Rico",

Su carrera artística comenzó cuando por motivos fortuitos debió reemplazar al cantante Davilita en el Cuarteto Victoria. Sin embargo, su fama se inició cuando grabó como solista con la orquesta del conocido músico español Xavier Cugat.

Integró la orquesta cubana Sonora Matancera.

Grabó los siguientes álbumes: 1958 - Bobby Capó Sings, 1958 - Yo Canto Para Ti, 1964 - Love Songs of Rafael Hernandez, 1968 - Invitación Al Amor, 1970 - Despierte Borincano, 1973 - La música de Puerto Rico, 1976 - Simplemente... Amor, 1980 - Luna de Miel en Puerto Rico, 1986 50 aniversario Goya y 1998 - Con La Sonora Matancera.

XVII.5. Cheo Feliciano, es el nombre artístico del cantante y músico *José Luis Feliciano Vega*, quien nació en Ponce el 3 de julio de 1935 y falleció en San Juan de Puerto Rico el 17 de abril de 2014.

Fue llamado "***El Niño Mimado de Puerto Rico***".

Estuvo en actividad desde 1957 hasta 2014.

Grabó en las disqueras Seeco Récords, Fania Récords, RMM y Universal Music.

Además de bolerista fue salsero.

En Nueva York perteneció al sexteto de Joe Cuba y entre 1967 y 1969 formó parte como vocalista de la agrupación de Eddie Palmieri.

En 1983 fundó su propio sello denominado Coche Récords, de vida efímera.

Después firmó contrato con la empresa RMM Récords & Video grabando cinco álbumes. Posteriormente, llegó a un acuerdo con el grupo venezolano La Rondalla Venezolana y la discográfica venezolana Palacio de la Música para grabar el álbum Son inolvidables (1995).

XVII.6. Charlie Figueroa es un cantante cuya biografía no aparece en la Web, que sólo indica que murió en Nueva York el 25 de octubre de 1955 y fue integrante del Cuarteto Bambú y de un grupo musical de Daniel Santos.

La fuente agrega que fue una de las grandes voces del bolero boricua y que parte de su repertorio estuvo conformado por los temas "Tú serás mía", "Culpa al destino", "Cómo tú reías", "Busco tu recuerdo", "La vida es un sueño", "Celos sin razón", "Madrigal", "Estando Contigo", "Por eso me voy," El último suspiro", "No pises mi camino".

Otros textos de la Web revelan que fue el primero de un estilo que siguieron cantantes como Daniel Santos y que sus seis primeras grabaciones en su orden fueron con las siguientes agrupaciones: Conjunto Típico Ladi, Orquesta Arturo Somohano y Orquesta Carmelo Díaz Soler.[xlv]

XVII.7. Daniel Santos es el nombre artístico del cantautor *Daniel Doroteo de los Santos Betancourt* quien nació en Santurce el 5 de febrero de 1916 y falleció en Ocala, Florida, Estados Unidos, 27 de noviembre de 1992.

En 1938, -se lee en Wikipedia, la enciclopedia libre- mientras trabajaba en un casino en Manhattan, cantó el tema "**Amor perdido**" sin saber que su compositor, Pedro Flores, estaba entre el público. A Flores le encantó la interpretación e invitó a Daniel a unirse a su grupo "El Cuarteto Flores".

En 1941, grabó uno de sus grandes éxitos, "**Despedida**", también de Pedro Flores, que fue prohibido en la radio.

Formó parte de la orquesta cubana Sonora Matancera.

Además de los dos anteriores temas interpretó también exitosamente, entre muchos otros, los boleros "Virgen de medianoche", "Nuestro Juramento", "Perdón", "Linda", "Esperanza inútil" y "Amor".

Interpretó igualmente plenas y guarachas.

XVII.8. José Luis Moneró, cantante y músico que nació en Junco el 6 de abril de 1921 y falleció el 15 de febrero de 2011 en Caguas.

Fue llamado "*El Príncipe de la Canción Antillana*".

Formó parte de las orquestas de Alberto Iznaga, Don Maya, Rafael Muñoz, Noro Morales, José Curbelo y la de Xavier Cugat. También tuvo su propia agrupación musical, la Súper Orquesta Original.

Es considerado como el último de los grandes boleristas puertorriqueños de la Época de Oro de la canción romántica de su país natal.

Su álbum Doce Canciones y Un Millón de Recuerdos incluyó sus éxitos, "Olvídame", "Sin rumbo", "Añoranza", "Mi loca tentación", "Inconsolable", "Sin ti", "Pétalos de rosa", "Un viejo amor", "No me mires así", "Caminos de ayer", "Ensueños" y "Lena".[xlvi]

XVII.9. Carmen Delia Dipiní, cantante que nació en Naguabo, el 18 de noviembre de 1927 y falleció en Bayamón el 4 de agosto de 1998.

Formó parte de la orquesta cubana Sonora Matancera, donde logró sus mayores éxitos.

Comenzó a cantar en 1937, bajo la instrucción de la profesora Amparo Brenes de la Escuela Elemental Eugenio Brac de Naguabo, pero su debut fue en 1941 en un programa que Rafael Quiñones Vidal animaba por la emisora WNAM.

En Nueva York se hizo cantante profesional cuando estuvo participando en el programa de aficionados de Willy Chevalier en el Teatro Triboro, y ganó un Primer Premio y la casa disquera Verne la contrató para grabar con Johnny Albino y el Trío San Juan las canciones "El día que nací yo", "Perdida y "Duérmete mi Junior". Posteriormente fue contratada por la Casa Seeco y con ellos grabó "Besos de fuego", tango cuyo título original es "El choclo" y que, con una nueva letra de Mario de Jesús, acompañada por la Orquesta de René Touzet, la catapultó internacionalmente.

Cantó también con el Conjunto Casino e hizo radio y televisión en La Habana. Se unió a Johnny Rodríguez y cosechó innumerables éxitos con los temas "Fichas negras", "Soy mimosa" y "Dímelo".

También grabó otros grandes éxitos como "Son amores", "Experiencia", "Si no vuelves", "Delirio", "Amor perdido", "Congoja" y "No es venganza". A lo largo de su vida grabó 30 discos de larga duración.

XVII.10. Virginia López es el nombre artístico de *Dolores Virginia Rivera García*, quien nació en Nueva York el 29 de noviembre de 1928. Se le considera de Puerto Rico porque fue criada por una familia de emigrantes de ese país.

Fue conocida como "***La Voz de la Ternura***" y "***La Puertorriqueña***".

Entre sus álbumes se cuentan Virginia López, tres volúmenes: Azul Pintado de azul, Canta Virginia López, Tesoros de corazón, 20 Éxitos de Virginia López y Éxitos De Oro.

Sus boleros más exitosos fueron "Cariñito azucarado", ¡"Te odio y te quiero!, "Osito de felpa" y "Por equivocación"

Grabando para la RCA Víctor, México se convirtió en su plataforma de lanzamiento internacional. Así su voz se difundió en Latinoamérica, algunos países de Europa y Japón.

Grabó con mariachis, orquestas, conjuntos, así como con su inseparable Trío Imperio.

En México fue distinguida con el Discómetro de Oro y en Puerto Rico se le otorgó un premio del Festival de Codazos.[xlvii]

XVII.11. Rafael Hernández es el nombre artístico del músico y compositor *Rafael Hernández Marín*, quien nació en Aguadilla el 24 de octubre de 1891 y falleció en San Juan de Puerto Rico el 11 de diciembre de 1965.

Fue ejecutante de corneta, violín, trombón, bombardino, guitarra y piano.

A los 12 años estudió música en San Juan, bajo la dirección de los profesores de música José Ruellan Lequenica y Jesús Figueroa, y a los 14 tocó para la Orquestra Cocolía.

Su legado musical se eleva a más de dos mil composiciones de todos los géneros, entre las que se encuentran: "Lamento Borincano", la más conocida, "Silencio", "Amor, no me quieras tanto", "Espérame en el cielo", "Ausencia", "Perfume de gardenias", "Capullito de alelí", "Canción del alma", "Amor ciego", "Por tu amor", "Lo siento por ti", "Diez años", "Campanitas de Cristal", "Desvelo de Amor", "Preciosa" y "El Cumbanchero".

"**Lamento Borincano**", ha sido interpretada, entre muchos otros, por Alfonzo Ortiz Tirado, Gilberto Santa Rosa, Marc Anthony, La India, Javier Solís, Chavela Vargas, José Feliciano, Luis Fonsi y Víctor Jara. Su composición "**Qué chula es Puebla**" es considerada himno regional del estado mexicano homónimo. Allí se le erigió por tal motivo un manubrio. De Igual modo, "**Linda Qisquella**" es considerada por muchos dominicanos como un segundo himno.

XVII.12. Pedro Flores, es el nombre artístico del compositor y músico *Pedro Flores Córdova*, que nació en Naguabo el 9 de abril de 1894 y falleció en San Juan el 14 de julio de 1979.

En 1926 se instaló en Nueva York donde conoció al compositor Rafael Hernández con el que entabló gran amistad y aunque no disponía de formación musical académica estuvo colaborando con él y su grupo: el Trío Borinquen.

En 1930 formó su propio grupo: Cuarteto Flores.

Posteriormente se trasladó a México, después a Cuba y en alguna ocasión regresó a Nueva York para reorganizar su grupo, con la colaboración de Daniel Santos, Los Panchos, La Sonora Matancera, Myrta Silva, Clarisa Perea, Moncho Usera, Doroteo Santiago y Chencho Moraza, con los que realizó importantes giras por el continente americano.

En 1967 regresó a Puerto Rico y continúo componiendo canciones,

Sus dos primeras canciones, compuestas en 1926, se llamaban "Toma jabón pa' que te laves" y "El jilguero" y las más conocidas son "Perdón", "Esperanza inútil", "Bajo un palmar", "Obsesión", "¿Qué te pasa?", "¡Ay, qué bueno!", "Borracho, no vale", "Sin bandera", "Se vende una casita", "Venganza", "Amor perdido", "Despedida", "Celos", "Linda", "Si no eres tú", "Qué extraña es la vida", "Margie" y "Querube".

XVII.13. Tito Rodríguez es el nombre artístico del cantante, músico y director de orquesta *Pablo Rodríguez Lozada* que nació en Santurce el 4 de enero de 1923 y falleció en Nueva York el 28 de febrero de 1973.

Ejecutante de guitarra, vibráfono, maracas y timbales.

Empezó su actividad musical en 1936.

En su niñez organizó e integró el conjunto Sexteto Nacional, junto a su amigo desde ese tiempo, el músico Mariano Artau y a los 13 años integró el "Conjunto Típico Ladí", también denominado "Conjunto de Industrias Nativas" que dirigía el músico Ladislao Martínez, con la cual grabó junto a Rafael Castro, también integrante del grupo, su primer tema, la danza "**Amor perdido**", en 1939, que grabó la disquera RCA Víctor.

Ente sus boleros más conocidos se cuentan, entre otros, "Tiemblas", "Inolvidable", "Cuando ya no me quieras", "Que será" y "El que se fue".

Tuvo una forma sentimental de interpretar el bolero, aunque también cantó otros géneros musicales populares como el mambo, del cual grabó, entre 1952 y 1955, seis álbumes con la disquera Tico Récords.

XVII.14. José Feliciano

es el nombre artístico del cantante, compositor y guitarrista *José Monserrat Feliciano García*, quien nació en Lares el 10 de septiembre de 1945.

Es considerado el primer hispanoamericano en introducirse al mercado de la música en inglés.

Ha interpretado y publicado más de 600 canciones. Sus ventas de discos se estiman en 50 millones de copias.

Su composición **"Feliz Navidad"** es una de las más escuchadas durante la época navideña en el mundo entero.

Tiene más de 100 canciones registradas, entre las que se encuentran "No hay sombra que me cubra", "Ay, cariño", "La copa rota", "Su hija me gusta", "Paso la vida pensando", "Me has echado al olvido", "Destiny", "Porque te tengo que olvidar", "Come Down Jesus", "Angela", "Rain", "Chico & The Man", "Hard Times In El Barrio" y los instrumentales: "Pegao" y "Affirmation".

Fue uno de los primeros artistas en incluir duetos dentro de sus discos, entre los que destacan: "Para decir adiós" con Ann Kelly (1982), "Por ella" con José José, "Un amor así" con Lani Hall, y "Tengo que decirte algo" con Gloria Estefan.

XVII.15. Danny Rivera es el nombre artístico del cantante y compositor *Danny Rivera Méndez*, quien nació en Santurce el 27 de febrero de 1945.

Inició su vida profesional en 1968 en el hotel San Juan como cantante de La Orquesta de César Concepción, que fue la mejor de su época. Ese mismo año resultó elegido la Revelación del Año en un Festival de Popularidad e hizo su debut discográfico al grabar con el grupo The Clean Cuts "Amor, amor"

Le siguieron otros éxitos, como "Porque yo te amo", "Fuiste mía un verano", "Manolo", "Mi viejo", "Yo y la rosa" y "Va cayendo una lágrima".

En 1971 tuvo un enorme éxito con una versión de la canción "Jesucristo", de Roberto Carlos, al que siguió el año siguiente el álbum Mi hijo, que incluía dos de las canciones más importantes de su carrera: "Tu pueblo es mi pueblo" y "Amada amante".

En 1980, firmó contrato con la importante discográfica venezolana TH y los álbumes que realizó allí han alcanzado a considerarse clásicos, entre ellos Alborada, Serenata (que incluye una canción emblemática de su carrera, el "Madrigal" de Don Felo) y Danza para mi pueblo, un disco de danzas portorriqueñas.
Posteriormente creó su propio sello disquero.
Además de bolero interpreta salsa y balada.

Sitio web: dannyrivera.com
Se le conoce como "***La Voz Nacional de Puerto Rico***".
Ha grabado más de setenta álbumes y "es – se lee en Wikipedia, la enciclopedia libre- el único puertorriqueño que se ha presentado y agotado entradas en el Carnegie Hall en cuatro décadas distintas (1979, 1989, 1999, 2010).

Entre sus éxitos están, entre muchos otros, los temas "Madrigal", "Amar o morir", "Mi viejo", "Dos amantes", "Amada amante".

XVII.16. Rafael Muñoz y su Orquesta fue una de las muchas agrupaciones musicales puertorriqueñas que tuvieron en el bolero su materia prima. A ella perteneció el bolerista **José Luis Moneró**, uno de los tantos solistas que integraron esa orquesta.

Este músico nació en Quebradilla el 5 de septiembre de 1900 e inició su carrera en una orquesta de su pueblo llamada Los Cuervos de la Noche. Allí fue ejecutante de flauta.

Llegó a San Juan en 1926, donde formo parte de varias orquestas, ya que también tocaba el contrabajo y la trompeta.

La fuente que consultamos revela que en 1932 fue inaugurado el club El Escambrón Beach en cuya tarima se montaba la orquesta homónima, pero su director Don Riverola abandonó tomando su lugar Rafael Muñoz, comenzando en 1934 la era de gran orquesta que llevó su nombre y cuyo repertorio constaba, entre otros temas, de los boleros "Quiéreme mucho", "Campanitas de cristal", "Enojo", "Palabras de mujer" y "Mi dulce sensación" con el inconfundible José Luis Moneró.

Rafael Muñoz falleció el 2 de septiembre de 1961.[xlviii]

XVII.17. Los tríos fueron en el pasado y todavía una importante herramienta para la promoción del bolero.

Entre ellos, Trío Los Fascinantes, Cheito González y su Trío, Armando Vega y su Trío, Trío Éxtasis, Trio Los Tres Nombres, Trío Caribe, Trío Carimari, Los Borincanos, Trío Rafaelito Muñoz, Trío

Taboas-Scharon, Trío Borinquen, Trio Los Marcianos, Trío Vegajabeño, Trío Voces de Puerto Rico, Trío Voces de San Juan, Trío Alfa TV. Trío San Juan, Los Tres Boricuas, Trío Los Cancioneros, Los Hispanos, Los Andinos, Lo Nuevo en Tres y Los Galanes.[xlix]

XVIII. GUATEMALA

Es activa la presencia del bolero en este país centroamericano, tanto en la composición como en la interpretación, que tiene entre sus máximos representantes a Ricardo Arjona, de proyección internacional, y a César de Guatemala, cuya obra más conocida es el bolero "**Mi plegaria**".

XVIII.1. César de Guatemala, fue el nombre artístico del cantautor *César Rodas*, quien nació en Chichicastenango el 1 de noviembre de 1942 y falleció en el hospital Roosevelt de Guatemala el 20 de diciembre de 2018.

Alcanzó la fama en 1974 gracias al lanzamiento del tema "**Mi plegaria**", que tuvo gran popularidad en Latinoamérica.

También compuso "A escondidas", "Sufro tu ausencia" y "Sh boom", entre muchos otros éxitos.

Sobre su fallecimiento escribió Pablo Juárez en el periódico *Prensa Libre* el 27 de diciembre de 2018

Fallece el cantante César de Guatemala, autor e intérprete de Mi Plegaria

César Rodas del Valle, mejor conocido como César de Guatemala, falleció en el hospital Roosevelt este jueves a los 76 años a causa de un derrame cerebral, según informó Otto Escobar, relacionista público del artista...

...Del Valle había sido ingresado al Hospital Hermano Pedro y el 20 de diciembre último se le trasladó al nosocomio en el que falleció este jueves.

"Su derrame fue el miércoles y recuerdo que al día siguiente habló muy bien e incluso estuvo bromeando. Yo le dije que se portara bien y que tenía que ponerse las pilas porque había muchos eventos planificados, él me respondió que iría a todos con entusiasmo. Aún en sus últimos momentos se notaba que estaba contento, fue una persona que siempre se caracterizó por ser alegre y murió con actitud positiva", recordó Escobar.

"Cesar fue un icono cede la canción guatemalteca, con el tema Mi plegaria obtuvo un disco de plata por sus ventas. Fue una persona con mucho humor ante la adversidad. Su música estaba llena de sencillez y romanticismo. Fue un gran compositor y muy jovial en sus presentaciones", dijo Rebeca Morales, mejor conocida como Rebesalsa, cantante y presidente de La Asociación de Cantantes Profesionales de Guatemala.[1]

CÉSAR DE GUATEMALA y "MI PLEGARIA" en Amatitlán

El lunes 6 de junio de 2016 un texto digital que puede leerse en el link http://amatitlanesasi.blogspot.com reportó el primer domingo de ese mes se presentó por primera vez en el estadio municipal "Guillermo Slowing", en el mega concierto "Unidos por el Hospital", el exitoso cantante nacional "César de Guatemala" quien a lo largo de cinco décadas ha interpretado "Mi Plegaria", considerada una de las mejores canciones románticas de todos los tiempos y que ha tenido el gusto de cantar personalmente en la mayoría de países de Latinoamérica.

Ese domingo inició su show con el tema "Amorcito corazón", seguido de boleros como "Reloj", "Gema", y "Perfidia", cerrando desde luego con "Mi Plegaria". Todo agradablemente condimentado con chispazos del buen humor que nos caracteriza a los chapines.

Según esa fuente, César de Guatemala fue "Sin lugar a duda un verdadero triunfador, todo un "***Señor de la canción***". y "Uno de los primeros cantantes de Guatemala en proyectarse y ser reconocido a nivel internacional".

XVIII.2. Una tarde de tríos y boleros

El 5 de junio de 2015 María Mercedes Arce reseñó el Gran Concierto de Tríos que se llevó a efecto en el Teatro de Cámara del Centro Cultural Miguel Ángel Asturias de la ciudad de Guatemala, en el marco del XI Festival de Junio.

En ese evento participaron los tríos guatemaltecos Nuevo Sol, Los Costello y Los Inseparables de Cobán, agrupaciones que interpretaron lo mejor del repertorio de boleros, con voces, guitarras, requintos y maracas.

XVIII.3. Concierto de Boleros con el Coro Nacional de Guatemala y el Trío Los Príncipes

Otra prueba de la presencia activa del bolero en ese país fue el concierto que tuvo lugar el jueves 5 de marzo de 2015 en el Centro Cultural Real Palacio de Los Capitanes, Antigua Guatemala.

El evento, denominado "**Le Canta al Amor**",
Tuvo como repertorio los conocidos boleros "Bésame mucho", "Amorcito corazón", "Reloj", "Rayito de luna", "Gema", "Sabor a mí" y "Yo soy", entre otros.

El Coro Nacional de Guatemala, que es Patrimonio Cultural de la Nación por el Decreto 29-93 de 1993, fue fundado en 1966. Dentro de sus constantes actividades se encuentra ofrecer conciertos en diversas regiones del país, con interpretaciones variadas que van desde el estilo Gregoriano hasta el Contemporáneo, con especial énfasis en la música guatemalteca. Dentro del repertorio del coro también hay música de todas las nacionalidades.

Del Trío Los Príncipes no encontré documentación.[li]

XVIII.4. **Ricardo Arjona** es el nombre artístico del guitarrista, cantante, arreglista y autor *Édgar Ricardo Arjona Morales*, quien nació en Jocotenango el 19 de enero de 1964. Se le conoce como "***El Flaco***" y "***El Trovador de América***".

Toca guitarra desde los ocho años.

Se graduó en la Escuela de Ciencia de la Comunicación de la Universidad de San Carlos de Guatemala, profesión que nunca ejerció.

A los doce años participó en el concurso Festival Infantil Juvenil 74 que ganó con la canción "**Gracias al mundo**", compuesta por su padre.

Para entonces compuso su primera canción, "Esa es mi barca".

En la juventud perteneció a los clubes de baloncesto Leones de Marte y TRIAS.

En 1988 viajó a Argentina para participar en el Festival OTI y allí se residenció, hasta que se fue a México y en una de las citas para conseguir productor y grabar sus canciones uno de ellos, tras escucharlo, le recomendó que se dedicara a otra cosa.

Se lee en Wikipedia, la enciclopedia libre, que debido a la necesidad de pagar la renta donde vivía se vio obligado a escribir canciones para otros artistas, "Tan solo una mujer" para Bibi Gaytán, y "Detrás de mi ventana" para el álbum Nueva era de Yuri (1993), que se convirtió en un éxito en 1994, alcanzando la primera posición durante tres semanas en Hot Latin Songs en los Estados Unidos.

La fuente añade:

Sony Music luego de rechazarlo repetidas veces lo firmó debido a un trato que arregló un importante productor y amigo del cantautor, consistente en que, si la compañía quería firmar a dos artistas por los que estaba interesada, tenían que firmar también a Ricardo. Luego de esperar por casi un año después de haber sido firmado, decide que ya es hora de hacer el disco y comienza a instalar todo para la producción y una semana antes de comenzar, la compañía le canceló todo y le puso condiciones, pues si quería hacer el disco tenía que pagarlo él mismo. Comenzó a grabar muchas de sus canciones antiguas en casetes y se fue a las editoriales a pedir dinero prestado a cambio de estas canciones y con ese dinero graba su disco Animal nocturno. El disco gusta, pero la compañía lo archivó y no dejó que sucediera nada más, hasta que mucho más tarde Arjona se encuentra por los pasillos de Sony Music con Aloysio Reis, el nuevo director artístico de la compañía, quien después de quedar encantado al escuchar el disco, lo saca a la luz y comienza el gran éxito como cantautor a nivel internacional para Ricardo Arjona.

Entre los temas más exitosos se cuentan los títulos "Historia de un taxi", "Señora de las cuatro décadas", "Realmente no estoy tan solo", "Por qué es tan cruel el amor", "Ayúdame Freud", "S:O:S, Rescátame", Quién diría", "Animal nocturno", "Tarde", "Mentiroso", "Pingüinos en la cama", "Dime que no", "Cuando", "Ella y él", "Mujeres" y "Primera vez".

XIX. MÉXICO

Este país es pródigo en la interpretación y la compasión del bolero y además jugó un importante papel en su promoción mediante discos de 78, 45 y 33 rpm y por intermedio de películas. Allí nació el subgénero bolero ranchero.

La primera obra de ese género data de 1921. Se trata de "**Morenita mía**" que nació en Yucatán bajo la autoría de **Armando Villarreal Lozano**, quien, en la partitura, sin embargo, no especificó ningún género. Nació el 9 de agosto de 1903 en San Luis Potosí y falleció el 15 de marzo de 1976.

Además de este compositor, México fue la patria de muchos otros, así como de grandes intérpretes, como Agustín Lara, Pedro Infante, Juan Arvizu, Jorge Negrete, María Victoria, Rosiuta Quintana, Juan Gabriel, José Alfredo Jiménez, Ramón Armengod, Luis Aguilar, Tony Aguilar, Alfonso Ortiz Tirado, Consuelo Velásquez, Pedro Vargas, Toña La Negra, Javier Solís, Marco Antonio Muñiz Luis Miguel y muchas otras figuras-

XIX.1. Juan Arvizu, fue el nombre artístico del intérprete *Juan Nepomuceno Arvizu Santelices*, quien nació en Querétaro el 22 de mayo de 1900 y falleció en Ciudad de México el 19 de noviembre de 1985.

Fue llamado "***El Tenor de la Voz de Seda***" y su repertorio privilegió las composiciones de Agustín Lara.

Estudió solfeo y armonía en el Conservatorio Nacional de Música.

Comenzó a cantar en un orfeón infantil de su pueblo natal.

En 1924 hizo su debut en el Teatro Esperanza Iris, en compañía de Consuelo Escobar y Ángeles Ottein. Dos años después grabó con la disquera Brunswick las canciones "Varita de nardo" y "Ventanita morada", ambas de Joaquín Pardavé, pero fue la RCA Víctor que le dio la oportunidad de comenzar una exitosa carrera.

Las obras de Agustín Lara lo catapultaron a la fama.

XIX.2. Agustín Lara, cuyo nombre completo es *Ángel Agustín María Carlos Fausto Mariano Alfonso Rojas Canela del Sagrado Corazón de Jesús Lara y Aguirre del Pino*, que nació el 30 de octubre de  1900 en Tlacotalpan en el estado mexicano de Veracruz y falleció en Ciudad de México 6 de noviembre de 1970. Se le conoció artísticamente como "**El Flaco de Oro**", y aunque no tuvo formación musical académica su producción fue prolífica.

Una de sus grandes obras, "Granada", la inmortalizó el tenor Mario Lanza. Otros grandes éxitos de su autoría fueron, entre muchos otros, "Madrid", "La Cumbancha", "Noche de ronda", "Solamente una vez", "Palmera", "María Bonita", "Pecadora", "Revancha", "Coqueta", "Mujeres en mi vida", "Perdida", "La mujer que yo amé". "Palabras de mujer", "Mujer", "Piensa en mí", "Arráncame la vida", "Veracruz", "Cada noche un amor", "Como dos puñales", "Pervertida"," El farolito", "Cuerdas de mi guitarra", "Humo en los ojos", "Imposible" y "Santa".

Además de boleros, compuso pasodobles, tangos, baladas y pasacalles, entre otros géneros.

XIX.3. Pedro Vargas fue el nombre artístico del cantante, actor y compositor *Pedro Cruz Mata*, quien nació el 29 de abril de 1906 en San Miguel Allende y falleció en Ciudad de México el 30 de octubre de 1989.

Se le conoció como "***El Ruiseñor de las Américas***", "***El tenor continental***" y "***El Samurái de la Canción***".

Como actor, formó parte de la Época de Oro del Cine Mexicano, y participó en más de 70 películas.

En su primera visita a Buenos Aires grabó para el sello RCA Víctor dos temas de su autoría: "Porteñita mía" y "Me fui".

Fue uno de los mejores y más exitosos intérpretes del compositor Agustín Lara, con un extenso repertorio que incluyó temas líricos como "Jinetes en el Cielo", canciones rancheras como "Allá en el Rancho Grande", boleros como "Obsesión", cantado a dos voces junto a Benny Moré; y temas nostálgicos como "Alfonsina y el mar".

XIX.4. Toña La Negra fue el nombre artístico de la cantante y actriz *Antonia del Carmen Peregrino Álvarez*, quien nació en Veracruz el 2 de noviembre de 1912 y falleció en Ciudad de México el 19 de noviembre de 1982.

Se le llamó "***La Sensación Jarocha***".

Estuvo activa desde 1932 hasta 1982.

Parte su fama artística procedió de la admirable interpretación que hizo de los boleros y otras canciones tropicales del compositor Agustín Lara. Precisamente interpretaba uno de sus boleros, "**Enamorada**", conoció a Emilio Azcárraga Vidaurreta quien junto con Enrique Contel, la bautizaron como Toña La Negra.

Agustín Lara compuso para ella, entre otros, los temas "Lamento Jarocho", "Veracruz", "Noche criolla", "Oración Caribe", "Palmera", "La clave azul" y "La cumbancha", que presentaron juntos en una revista musical en el Teatro Esperanza, en diciembre de 1932, con tanto éxito que debieron prolongar sus presentaciones por mucho tiempo.

Formó parte del elenco de la emisora XEW, donde se presentaba a veces acompañada por Lara y otras por la orquesta de Alfredo Girón.

Grabó para el sello RCA Víctor, siendo "El cacahuatero", una de las primeras grabaciones.

XIX.5. María Victoria es el nombre artístico utilizado por la cantante y actriz de cine y televisión *María Victoria Cervantes*, quien nació en Guadalajara, Jalisco el 26 de febrero de 1933.

Ingresó al mercado digital a finales del 2013, lanzando su colección "La música de mis películas".

Entre sus sencillos se cuentan "Mucho, mucho, mucho", "Que bonito siento", "Venganza", "Mil besos", "Que divino" y "Cuidadito".

Grabó más de 500 canciones, las cuales se han recopilado en alrededor de 100 discos, entre los que destaca el tema "**Estoy tan enamorada**".

Inspiró canciones a Juan Gabriel y Agustín Lara.

Logró varios Discos de Oro, Palmas de Oro y Heraldos.

Su actuación en el cine fue copiosa.

XIX.6. Consuelo Velásquez fue una compositora y pianista que nació en Ciudad Guzmán el 21 de agosto de 1916 y falleció en Ciudad de México el 22 de enero de 2005.

Muy joven, a los 19 años, el bolero **"Bésame mucho"** la catapultó a la fama, aunque cuando lo escribió no sabía lo que era un beso. De su autoría fueron también, entre otros, los títulos "Amar y vivir", "Franqueza", "Que seas feliz" y "Verdad amarga".

"**Bésame mucho**" ha sido considerado el bolero más importante del siglo XX. Escrito en 1940, el primero en grabar fue Emilio Tuero. y con el tiempo, fue pasando de un artista a otro con diferentes adaptaciones, siendo la versión de Pedro Infante una de las más conocidas, así como una versión en inglés a cargo de The Beatles.

XIX.7. Pedro Infante fue un actor de cine y cantante que nació en Mazatlán, Sinaloa, el 18 de noviembre de 1917 y falleció en Mérida, Yucatán, el 15 de abril de 1957.

A partir de 1939 apareció en más de 60 películas, y desde 1943 grabó aproximadamente 310 canciones.

Interpretaba diversos instrumentos musicales. y fue vocalista de varias orquestas.

Su primera grabación musical, "**El Soldado Raso**" fue realizada el 19 de noviembre de 1943, para el sello de Discos Peerless, aunque otras fuentes dicen que la primera canción que grabó fue el vals Mañana, que pasó sin pena ni gloria.

Entre los boleros más exitosos que interpretó se cuentan "Bésame mucho", "Te quiero así", "La que se fue", "Ella", "Cien años", y "Amorcito corazón".

XIX.8. José Alfredo Jiménez, fue un cantante, actor y compositor que nació en Dolores, Hidalgo, el 19 de enero de 1926, con el nombre de *José Alfredo Jiménez Sandoval*, y falleció Ciudad de México el 23 de noviembre de 1973.

A los 14 años compuso sus primeras canciones.

En 1948 cantó por primera vez en la XEX y algunos meses después logró cantar en la famosa emisora XEW, acompañado por el trío Los Rebeldes.

El triunfo definitivo lo alcanzó en 1950, año en que Andrés Huesca y sus Costeños grabaron su canción titulada "Yo", pieza musical que se convirtió, rápidamente, en el primero de una larga serie de éxitos.

Su producción musical incluye, entre muchos otros, los temas "El rey", "No me amenaces", "Amanecí en tus brazos", "Paloma querida", "Camino de Guanajuato", "Cuando vivas conmigo", "Corazón", "Te solté la rienda", "Caballo blanco", "Pa todo el año", "Cuando sale la luna", "¡Qué bonito amor!", "Un mundo raro" y "La enorme distancia".

Obtuvo más de 100 premios en reconocimiento de su labor como compositor y cantante, entre ellos, 16 Discos de Oro.

XIX.9. Joaquín Pardavé fue un actor de cine, teatro y televisión, director de cine, guionista y compositor que nació en Pénjamo, Guanajuato, el 30 de septiembre de 1900 y falleció en Ciudad de México el 20 de julio de 1955.

Siendo telegrafista de los Ferrocarriles Nacionales de México en la estación Paredón compuso la pieza "**Carmen**", dedicada a Carmen Delgado.

Compuso la música para la película "México se derrumba" y, en colaboración con José Palacios Montalvo y "El fracaso del sábado".

Dio vida a 120 composiciones, entre ellas, "Negra consentida", "Falsa", "No hagas llorar a esa mujer", "Ventanita morada", "La Panchita", "Aburrido me voy", "Caminito de la sierra", "Varita de nardo", "Bésame en la boca", o "Porque lloran tus ojos", una obra que en general abarcó un total de 120 composiciones.

XIX.10. Alfonso Ortiz Tirado fue un destacado cantante tenor y ortopedista mexicano, que nació en Álamos, Sonora, el 24 de enero de 1893 y falleció en Ciudad de México el 7 de septiembre de 1960.

En su condición de médico trató a personalidades como la pintora **Frida Kahlo** y el compositor **Agustín Lara**, a quien intervino quirúrgicamente en la mejilla.

Como cantante. recorrió Centroamérica y Sudamérica, Estados Unidos y algunos países de Europa dando recitales, sin descuidar la práctica de la medicina.

Actuó en la película "La última canción" (1933) al lado de la actriz María Luisa Zea.

Desde 1984 se viene celebrando en su ciudad natal el Festival Internacional Alfonso Ortiz Tirado en su honor donde intervienen músicos de talla internacional, y algunas actividades se realizan paralelamente en otros lugares del estado,

Su repertorio estuvo conformado, entre otras canciones, por "Clavel de aire", "Oración Caribe", "Llora campana llora", "Por si no te vuelvo a ver", "Muñequita linda", "Amapola", "Pregón de las flores", "Palmera", "Peregrino de amor", "Lamento borincano" y "Lamento gitano".

XIX.11. Juan Gabriel fue el nombre artístico del compositor, cantante, productor discográfico y filántropo *Alberto Aguilera Valadez*,

quien nació el 7 de enero de 1950 en Parácuaro, Michoacán, y falleció el 28 de agosto de 2016 en Santa Mónica, California, Estados Unidos.

Fue llamado "***El Divo de América***".

Vendió más de 100 millones de discos como solista y sus composiciones fueron traducidas a los idiomas turco, alemán, francés, italiano, tagalo, japonés, griego, papiamento, portugués e inglés.

La primera etapa de su exitosa carrera comenzó el 4 de agosto de 1971, cuando cambió el nombre artístico **Adán Luna** por el de **Juan Gabriel**,

Entre los temas de su autoría interpretados exitosamente por Rocío Dúrcal se cuentan "Siempre en mi mente", "Juro que nunca volveré", "Amor eterno", "El Noa-Noa", "Inocente, pobre amigo", "La diferencia", "Mi fracaso", "Buenos días, señor Sol", "En esta primavera"," La muerte del palomo" y "Ya para qué".

Sus temas también fueron interpretados, entre muchos otros, por Lucha Villa, Raphael, Vicente Fernández, Lupita D'Alessio, María Victoria, Pedro Vargas, Lola Beltrán, Amalia Mendoza y Cornelio Reyna.

XIX.12. Ana Gabriel es el nombre artístico de la cantante y compositora *María Guadalupe Araujo Yong*, quien nació el 10 de diciembre de 1955 en Guamúchil.

Desde los 9 años siento inclinación por la música y la composición.

Nunca estudió canto ni vocalización.

Inició su carrera artística el 15 de septiembre de 1974 en Tijuana, llevada de las manos de José Barrientos, su mánager entonces, quien la dio a conocer como Ana Gabriel.

En 1985 grabó su primer disco de larga duración que llevó por título "Un estilo" y el año siguiente logró participar en el Festival de la OTI, alcanzando el quinto lugar con la canción "A tu lado" que incluyó en el álbum Sagitario, donde también se encuentran temas como "Y Aquí Estoy", "Eso no Basta" y "Mar y Arena".

Tres años después logró posicionarse a nivel internacional, dentro del mercado estadounidense, con su álbum Tierra de Nadie que permaneció en listas del Billboard varios meses.

Entre sus distinciones se cuenta el galardón Disco de Diamante por haber vendido más de un millón de discos en Chile.

Ha grabado a dúo con artistas como Armando Manzanero, Pedro Fernández, Yuri, Plácido Domingo, Jon Secada, Rocío Jurado, Vikki Carr y José Feliciano, entre otros.

XIX.13. Javier Solís fue el nombre artístico adoptado por el cantante *Gabriel Siria Levario*, quien nació en Nogales, Sonora, 1 de septiembre de 1931-y feneció en Ciudad de México el 19 de abril de 1966.

Se le conoció como **"*El Rey del Bolero Ranchero*"**

Inicialmente cantó tangos en lugares públicos de espectáculos conocidos como carpa.

Comenzó una nueva etapa actuando en restaurantes y como parte primero del Dúo Guadalajara y luego del Trío Flamingo, llamado después Trío México,

Hacia 1950 grabó sus primeras creaciones conformadas por los temas "Punto negro", "Tómate esa copa", "Virgen de barro" y "Te voy a dar mi corazón", producidas, con el Trío Los Galantes.

El nombre artístico de Javier Solís fue sugerido por su amigo Manuel Garay.

Su discografía incompleta incluye los álbumes "Javier Solís", "Canta Javier", "Añoranzas", "Hits de Javier Solís", "Boleros, Boleros, Boleros", "Prisionero del mar", "Romance"," Lara, Grever, Baena", "Romance", "Sombras" y "Payaso".

XIX.14. María Grever fue el nombre artístico adoptado por la cantante y compositora *María Joaquina de la Portilla Torres*, quien nació el 14 de septiembre de 1885 en León, Guanajuato, y falleció en Nueva York, Estados Unidos, el 15 de diciembre de 1951.

Compuso música de concierto y para concierto y más de 800 canciones populares, en su mayoría boleros.

En los primeros años de la década de 1920 se dedicó al canto y grabó dos discos en los Estados Unidos. También trabajó como musicalizadora de varias películas para la Paramount y la 20th Century Fox,

Por esa época –se lee en Wikipedia, la enciclopedia libre-, comienza a componer canciones, pero su primer gran éxito llega cuando el tenor mexicano José Mojica graba su canción "Júrame", convirtiéndose así en su primer intérprete. Sus canciones han sido grabadas por grandes intérpretes como: Enrico Caruso, Ray Conniff, Bobby Darin, Nicolás Urcelay, Andy Russell, Dinah Washington, Libertad Lamarque, Dean Martin, Aretha Franklin, Rod Stewart, Plácido Domingo, Alfonso Ortiz Tirado, Juan Arvizu, Nestor Mesta Chayres, Barry Manilow, Natalie Cole, Gloria Estefan, Amy Winehouse, Luis Miguel, John Serry Sr. y Javier Solís, entre otros.

Además de "Jurame", también son conocidos los temas "Todo Mi Ser", "Así", "Cuando vuelva a tu lado", "Te quiero, dijiste", "Por si no te vuelvo a ver", "Volveré", "Despedida", "Cuando me vaya" y "Tipitin", entre muchos otros.

XIX.15. Néstor Chayres fue el nombre artístico adoptado por el actor fílmico y cantante *Néstor Mesta Cháyres*, quien nació en Ciudad Lerdo, el 26 de febrero de 1908 y falleció en Ciudad de México, 29 de junio de 1971.

Se le conoció como "***El Gitano de México***".

Comenzó su carrera profesional en 1929 interpretando canciones de Jorge del Moral y Agustín Lara.

Su repertorio de música popular, entre otros temas, comprendió "Noche de ronda", "La morena de mi copla", "Arráncame la vida!, "El relicario", "Farolito", "Oración Caribe", "Princesita", "Pregón de las flores", "Mi pobre reja", "Somos diferentes", "Asturiana", "La panda", "Clavelitos", "Mi maja", "Granada", "Hoy no quisiera vivir", "No espero nada de ti", "Noche de mar", "Mucho más", "Manolete", "Silverio", "No te vayas", "Todo mi ser", "Te espero", "Tus lindos ojos", "La vida castiga", "Porque te quiero", "Alma mía", "Cuando vuelva a tu lado" y "Paso a paso".

XIX.16. Guty Cárdenas fue el nombre artístico utilizado por el cantante, guitarrista y compositor *Augusto Alejandro Cárdenas Pinelo*, quien nació en Mérida, Yucatán, el 12 de diciembre de 1905 y falleció en Ciudad de México el 5 de abril de 1932.

Debutó cantando en un evento de aniversario del periódico *Excelsior* y en el concurso "La fiesta de la canción" con su composición "Nunca", cuya letra había escrito Ricardo López Méndez.

A partir de este momento, realizó presentaciones como solista y firmó contrato con la disquera mexicana Huici, la cual se transformaría más tarde en Discos Peerless. En esa compañía realizó sus primeras grabaciones, entre ellas del tema "Nunca". Luego, pasó a formar parte de los artistas exclusivos de la compañía Columbia Récords.

Entre sus composiciones más conocidas se cuentan "Caminante del Mayab", con letra de Antonio Mediz Bolio; "Flor", inspirada en el poema homónimo del poeta venezolano Pérez Bonalde, considerada por algunos como el primer bolero de Venezuela; "Un rayito de sol", "Fondo azul", "Golondrina viajera", "Para olvidarte", "Peregrino de amor" y "Ojos tristes".

XIX.17. Chucho Martínez Gil fue el nombre artístico empleado por el cantante y compositor *Jesús Bojalil Gil*, quien nació el 19 de diciembre de 1917, en Puebla de Zaragoza, y falleció el- 22 de mayo de 1988

Comenzó su carrera musical en 1934, en una gira de conciertos con Gonzalo Curiel.

Sus primeros éxitos fueron el vals "Ensoñación" y "Dos arbolitos", una canción que también fue interpretada por varios cantantes fuera de México.

Otras obras de importancia fueron "Río cristal", "Mañana vendrás", "Rosita se está bañando", "Te vi llegar", "Un recuerdo", "Mi Magdalena", "El pocito de Nacaquinia", "Llegó el amor", "Esclavo", "Pimpollo", "A bailar Cha", "Terroncito terroncito", "Me duele el corazón", "Cinco letras que lloran", "Menos que nada", "El naranjo", "Te seguiré", "Ya me voy lejos", "Saudades Do Brasil", "El escapulario" y "La flor". Algunas de sus obras realizada las compuso junto con sus primos Pablo y Carlos Martínez Gil.

El bolero "Mi Magdalena" fue popularizado por el Trío Los Panchos.

XIX.18. Marco Antonio Muñiz fue un cantante y actor que nació en Guadalajara, Jalisco, el 3 de marzo de 1933. Se le conoce como *"El Embajador del Romanticismo"* y *"El Lujo de México"*.

Antes de conocer la fama cantó en el coro de una iglesia de su pueblo natal y formó parte da varias agrupaciones musicales.

En 1959 inició su carrera como solista con los temas "Luz y Sombra" y "Escándalo".

En 1965, ya como solista reconocido y consolidado, comenzó una gira tras otra que lo llevarían a los escenarios más importantes de Latinoamérica, Estados Unidos y España; cosechando éxitos como: "Adelante", "Compréndeme", "Capullito de Alhelí" y "Por Amor", entre muchísimos otros.

Ese año estuvo en Venezuela y tomó contacto con la música típica venezolana, grabando el bolero-pasaje. "La noche de tu partida", "Suerte" y "Venezuela en la música de Juan Vicente Torrealba".

Volvió a ese país en 1969 y grabó el álbum "Serenata en Venezuela".

Sus álbumes de mayor éxito son, entre otros, "Marco Antonio Muñiz con Los Trovadores Caribe"., "Corazón maldito", "Mi novia es Guadalajara", "Marco Antonio Muñiz" – "La serenata del siglo, con La Rondalla Tapatía. Interpreta a Gonzalo Curiel y Gabriel Ruiz Galindo, "Salsa, la manera de Marco Antonio" (su incursión en la música tropical), "Mi Borinquen querido, un homenaje a la música autóctona puertorriqueña", "Homenaje a Pedro Infante" y "Homenaje a José Alfredo Jiménez".

XIX.19. Vicente Fernández es un cantante, actor y productor discográfico que nació el 17 de febrero de 1940 en Guadalajara.

El Bolero en America Latina

Se le conoce como *"**El charro de Huentitán**"*, *"**El Hijo del Pueblo**"* y *"**El Rey**"*.

Comenzó su carrera profesional en 1964 y en el curso de esta ha logrado dos premios Grammy, ocho premios Grammy Latinos, catorce premios Lo Nuestro y una estrella en el paseo de la fama de Hollywood.

En abril de 2010 alcanzó la cifra de 75 millones de copias vendidos en todo el mundo.

En 1972 su éxito mundial e himno ranchero, "**Volver, Volver**", lo consolidó como uno de los más grandes cantantes rancheros de todos los tiempos. Con esta canción rompió todos los récords de ventas en Hispanoamérica, España y Estados Unidos.

Otros de sus éxitos fueron los temas "Para siempre", "Las llaves de mi alma", "Que te vaya bonito", "El Arracadas", "Por tu maldito amor", "Aunque me duela el alma", "Mujeres divinas" y "Me voy a quitar de en medio" y muchos más.

El 25 de septiembre de 2007 lanzó al mercado su álbum "Para siempre", certificado como Disco de Diamante y Oro en México; mientras que en los Estados Unidos alcanzó su sexto Disco de Platino a solo semanas de su lanzamiento.

El 16 de abril de 2016 realizó su último concierto de despedida en el estadio Azteca, cantó alrededor de 45 canciones, pero anunció que, aunque era su último concierto, no se retiraba de la música.

XIX.20. Antonio Aguilar fue el nombre artístico empleado por el cantante, productor y guionista *José Pascual Antonio Aguilar Márquez Barraza*, quien nació en Villanueva, Zacatecas, el 17 de mayo de 1919 y falleció en Ciudad de México el 19 de junio de 2007.

Se le conoció como "***El Charro de México***"

En 2000 obtuvo Premio Lo Nuestro a la Excelencia y cuatro años más tarde recibió el Premio Grammy Latino a la Excelencia Musical.

Su discografía sobrepasó los 160 álbumes con ventas de más de 25 millones de copias.

Tiene una estrella Paseo de la Fama de Hollywood.

Su carrera bolerística la inició en la XEW.

Produjo, entre muchos otros, los álbumes "Tres Días", "Vivo en México", "Amor del alma", "Joyas", "Peregrina", "15 Éxitos con tambora", "15 Éxitos con banda", "Toda mi vida" y "Frente a frente".

XIX.21. Gabriel Ruiz Galindo fue un músico y compositor que nació en Guadalajara el 18 de marzo de 2018 y falleció en Ciudad de México el 31 de enero de 1999.

Estuvo entre los socios fundadores de la Sociedad de Autores y Compositores de México.

En su pueblo natal inició los estudios musicales que concluyó en el Conservatorio Nacional de Música como violinista.

Compuso más de 400 canciones, siendo las de mayor aceptación los boleros: "Amor, amor", "Desesperadamente", "Mar" y "Usted". Las tres primeras en coautoría con el poeta Ricardo López Méndez y la última con José Antonio Zorrilla Martínez.

Su bolero "Condición" fue popularizado por Chucho Avellanet y "Despierta" lo popularizó Pedro Infante.

Otro bolero de su autoría, "**El vicio**", lo dio a conocer Marco Antonio Muñiz.

XIX.22. Manuel Esperón fue un músico y compositor que nació en Ciudad de México el 3 de agosto de 1911 y murió en Cuernavaca, Morelos, el 13 de febrero de 2011.

Fue presidente vitalicio de la Sociedad de Autores y Compositores de México, director musical de casi 500 películas y director artístico de varias estaciones radiales.

Compuso más de 900 canciones, entre ellas el famoso bolero "Flor de azalea", "Noche Plateada", "Tequila con Limón", "El día que me quieras", "Carta de Amor", "Traigo un Amor", "Dulce patria", "Fiesta mexicana", "Que te cuesta", Amor con amor se paga", "Aunque lo quieran o no", "Amorcito corazón", "Y dicen por ahí" y "El sueño".

Canciones de Manuel Esperón, inspiraron el romanticismo en México

El lunes 14 de febrero de 2011, con motive de su muerte el día anterior, José Luis Blancarte, de Ciudadanía Express, escribió el reportaje que se transcribe a continuación:

C*onaculta Oaxaca, México*. - *Fue el mayor compositor que ha tenido el cine mexicano. El compositor Manuel Esperón González (Ciudad de México, 3 de agosto, 1911-Cuernavaca, Morelos, 13 de febrero, 2011) falleció ayer, dejando tras de sí una amplísima obra de canciones, valses y piezas vernáculas que inspiraron durante décadas los sueños de los mexicanos. Su prolífica labor se desarrolló en la industria del disco, radio y televisión, pero preponderantemente en la cinematografía, donde llegó a musicalizar más de 500 películas, sobre todo de la llamada Época de Oro del cine nacional. Por lo mismo, Esperón fue muy apreciado* *por las figuras de la pantalla grande como Pedro Infante, María Félix, Jorge Negrete, Dolores del Río y Pedro Armendáriz. Una de las primeras películas para las que escribió música fue La mujer del puerto, interpretada por Andrea Palma. Algunas de las actrices y actores con las que trabó amistad fueron Elsa Aguirre, María Elena Marqués, Silvia Pinal, María Antonieta Pons, Irma Dorantes, Cantinflas, Joaquín Pardavé y Vicente Fernández, para quien realizó uno de sus últimos trabajos al musicalizar una cinta. Desde muy joven se caracterizó por usar boina, y siempre dispuesto a improvisar al piano una nueva canción, pero también destacó como genial arreglista, en la línea de la escuela mexicana, que ponía por delante la melodía del vasto acervo popular mexicano. El crítico musical Juan Arturo Brenan, en entrevista con La Jornada, comentó que piensa que "sería posible trazar una historia parcial, digamos, una historia mínima de cierta época del cine mexicano mediante la música y las canciones que él escribió para nuestra cinematografía". Las letras de las más de 900 canciones de Esperón, como Amorcito corazón; Mía; No volveré o ¡Ay Jalisco no te rajes!, las escribieron compositores como Ernesto Cortázar o Pedro de Urdimalas (Jesús Camacho Villaseñor), entre sus más notables letristas, también Ricardo El Vate López Méndez, Felipe Bermejo y Zacarías Gómez Urquiza, entre otros importantes autores, que fueron interpretadas por voces de la talla de Pedro Vargas, Toña La Negra, Pedro Infante o Jorge Negrete. También interpretaron su música, en películas y grabaciones, cantantes de la talla de Libertad Lamarque, Antonio Aguilar, Luis Aguilar, Javier Solís, Tin Tan y Alberto Vázquez, entre muchos otros. Entre los cientos de películas para las que compuso música se hallan: Yo bailé con don Porfirio; Me he de comer esa tuna; La mujer del puerto; Los tres García; Las abandonadas; Gran casino; Nosotros los pobres; Ustedes los ricos; ¡Ay Jalisco no te rajes!; Amor con amor se paga; Una carta de amor y Por tu maldito amor. Manuel Esperón, nieto del compositor oaxaqueño Macedonio Alcalá, desde muy joven se inició en la música, impulsado por su madre Raquel González Cantú, que fue concertista de piano. También era primo-hermano del maestro Ignacio Fernández Esperón, conocido como Tata Nacho. En la adolescencia cursó estudios técnicos en el Politécnico (ESIME), también se interesó por las artes plásticas en la Academia de San Carlos, pero se le endurecían los dedos para tocar el piano, así que decidió ingresar en la Escuela Popular de Música, que se convertiría en la Escuela Nacional de Bellas Artes, pues le interesaba tener una base formal para dedicarse de lleno a la composición y el arreglo musical. En la biografía del maestro Esperón, publicada en el sitio de la Sociedad de Autores y Compositores de México (SACM) se asienta que, antes de incursionar en el cine, Esperón "perteneció a la caravana artística de los Hermanos Soler. Con ellos recorrió parte del sureste de México y de Centro y Sudamérica". En esas andanzas, "le tocó ver la primera película sonora; era El Cantante de Jazz, con Al Johnson". Era 1929... su sueño se cumpliría en 1933.   Con 22 años, escribió su primera canción en forma profesional para una película, La mujer del puerto. Compuso la canción tema con letra de El Vate Ricardo López Méndez. También compuso algunas partes de la música de fondo.   También contribuyó en la industria fílmica de Hollywood. Trabajó para la Metro Golden Mayer, la Paramount y Disney. En esta última colaboró con Walt Disney en la película Los Tres Caballeros, para la cual realizó toda la parte mexicana.   Esperón introdujo el mariachi al cine, abunda la semblanza de la SACM, y buscó que los intérpretes líricos estudiaran música; de esa forma, el compositor logró acoplar la orquesta con el mariachi para los arreglos instrumentales de las películas.   A lo largo de más de setenta años de carrera artística, muchas figuras de la industria musical han interpretado canciones de Esperón, tales como Yuri, Eugenia León, Thalía, Tania Libertad, Aída Cuevas, Alberto Vázquez, Julio Iglesias, Plácido Domingo, Vicente Fernández y Luis Miguel, por mencionar sólo algunos. También creó arreglos sinfónicos de la música popular mexicana, de sus propias canciones más importantes y de otros compositores mexicanos, como Guty Cárdenas, Ricardo Palmerín, Pepe Guízar, José Alfredo Jiménez, Alfredo Carrasco y Agustín Lara, entre otros.*

Se han presentado numerosos conciertos con la música del maestro Esperón y se estrenó a nivel internacional su rapsodia titulada México 1910, que contiene música mexicana de la Revolución, desarrollada a nivel orquestal y coral. Otro de sus trabajos más sobresalientes es el arreglo de los Valses Clásicos del México Romántico, para orquesta sinfónica, coro mixto de cien voces y soprano coloratura; presentada en una serie de estos conciertos bajo la batuta del afamado Director Sergio Cárdenas, en la Sala Nezahualcóyotl y diversas ciudades del interior de la República. Por varios años, Esperón perteneció al Consejo Directivo de la SACM, que han presidido compositores como Roberto Cantoral y Armando Manzanero. Entre los reconocimientos que recibió Manuel Esperón, se hallan, en 1941, la Medalla de Oro RCA; Ariel por la música de la película Cantaclaro, 1945; Ariel por la musicalización de la película Cuando me vaya, basada en la vida de María Grever, 1953; Medalla de Oro Gonzalo Curiel, 1958; Medalla Quetzalcóatl, 1983; Medalla al Mérito Cinematográfico Ignacio Toscano, 1984; Medalla de Oro de la Sociedad de Autores y Compositores de México; Diosa de Plata Pecime, 1990; Premio Nacional de Ciencias y Artes, 1990.

XX. VENEZUELA

Este país ha hecho grandes aportes a la historia del bolero tanto en la composición como en la interpretación. Cada 2 de julio, en recuerdo a la fecha de fallecimiento de **Felipe Pirela**, se celebra el Día Nacional del Bolero.

Se atribuye al músico y compositor **Lorenzo Herrera** la incorporación, desde la radio, de ese género musical que tanto ha enriquecido a la cultura popular.

De sus compositores han surgido, entre muchos otros, los boleros de categoría universal "Desesperanza", de María Luisa Escobar; "Motivos", de Ítalo Pizzolante; "Escríbeme", de Guillermo Castillo Bustamante y "Vida consentida", de Homero Parra.

La historia de la bolerística venezolana registra los nombres de Felipe Pirela, Alfredo Sadel, José Luis Rodríguez, Mirla Castellanos, Mayra Martí, Eduardo Lanz, Marco Tulio Maristany, Graciela Naranjo, Mirla Castellanos, Elisa Soteldo, Canelita Medina, Rafa Galindo, Vladimir Lozano, Corina Peña, Nohemy Berlatti, Nelson Henriquez, Lorenzo González, Enrique Rivas, Mario Suárez, Oswaldo Morales. Simón Díaz, Neyda Perdomo, Óscar D´León, Lila Morillo, Rudy Márquez, Esperanza Márquez, Henry Stephen, Floria Márquez, Trino Mora, Rosalinda García, Toña Granado, Joel Urdaneta, Raúl Naranjo, Mirtha Pérez, Nancy Ramos, Delia, Marlene, Raquel Castaño, Luisín Landáez, Gerardo Valentino, Nancy Toro, Mirna Ríos, Héctor Cabrera, Héctor Murga, Josué Hernández, Devorah Sasha, Estelita del Llano, Rosa Virginia Chacín, María Teresa Chacín, Conny Méndez, Simón Díaz, Josué Hernández y Pecos Kanvas, entre muchos otros menos conocidos de las nuevas generaciones.

XX.1. Lorenzo Herrera fue el nombre artístico del compositor *Lorenzo Esteban Herrera Markfoy*, a quien se le atribuye la introducción del bolero en el acervo musical venezolano por intermedio de la radio. Estuvo entre los pioneros de la divulgación de la música venezolana en el exterior

Nació en Caracas el 2 de agosto de 1896 y falleció en la misma ciudad el 21 de enero de 1960.

Fue conocido como el compositor de los 500 éxitos, ya que compuso más de cinco centenares de canciones, las cuales la mayoría fueron éxitos rotundos en su tiempo, en los géneros merengue, guasa, boleros y pasodobles,

Grabó con las disqueras RCA Víctor y Columbia Récords.

En Nueva York compuso muchas de sus obras, entre otras el famoso pasodoble "La Sultana del Ávila". Compuso también los temas "Luisa", "Josefina", "Rosalinda", "El Bachaco", "Mi Rancho", "La Mula Rucia", "Canta Ruiseñor", "El Primer Amor", "Ya no sufras corazón", "Vente pa´ca mi negra", "Caminito del llano adentro", "El Petróleo" "El Coletón", "Chupa tu Mamey y "Compae Pancho", que ha sido utilizado como punto de partida de la enseñanza del cuatro venezolano.

XX.2. Alfredo Sadel fue el nombre artístico utilizado por el compositor, actor fílmico y cantante lírico y popular *Alfredo Sánchez*, que nació en Caracas el 22 de febrero de 1930 y murió en la misma ciudad el 28 de junio de 1989.

Se le conoció como "***El Tenor favorito de Venezuela***" y es considerado por muchos musicólogos como el intérprete popular y lírico más importante en la historia musical venezolana.

Su vocación artística se manifestó desde pequeño y participó en el coro del Colegio Domingo Savio de Los Teques, donde el padre Calderón y el padre Sidi contribuyeron a impartirle instrucción musical y arte escénico. También tuvo habilidades para el dibujo y la pintura y sus caricaturas fueron publicadas en el diario *La Esfera* y la revista humorística *Fantoches*.

Su primera presentación fue en la Catedral de Caracas. Allí cantó el Ave María e impresionó satisfactoriamente al público y tuvo la fortuna de encontrar mecenas que la ayudaron a formarse académicamente en la Escuela Superior de Música de Caracas y continuó a lo largo de su vida en Ciudad de México, Nueva York, Buenos Aires, Barcelona, Salzburgo y Milán.

Con los ingresos como dibujante en una agencia publicitaria, costeó la grabación de su primer disco de 78 RPM, con los temas: el bolero "Desesperación" y el pasodoble "El Diamante Negro", como homenaje al torero Luis Sánchez, así apodado.

Su voz internacionalizó el bolero **"Desesperanza"**, de María Luisa Escobar.

XX.3. Elisa Soteldo fue una compositora y cantante que nació en Barquisimeto, Estado Lara, el 25 de julio de 1922 y falleció en Miami, Estados Unidos, el 22 de enero de 2016.

Cantó en inglés, italiano, portugués y francés

La formación musical en teoría, solfeo y canto la obtuvo de su padre, el profesor Rafael Soteldo; y piano, con su madre, la profesora Ángela Soteldo, y la profesora Blanca Estrella Méscoli.

En su ciudad natal, siendo joven, participó en corales bajo la dirección de su padre, interpretando misas pontificales y música sacra para la celebración de la Semana Santa.

Se convirtió en la primera mujer integrante de una orquesta, la de Luís Alfonzo Larraín, en 1941.

En 1967 fundó Las Voces Blancas de Elisa Soteldo, escuela de música, canto y actuación; premiada en festivales en Italia, Dinamarca y Turquía, vivero de muchos intérpretes del bolero y otros géneros musicales populares.

El músico y director de orquesta, Aldemaro Romero le compuso el tema Mi melancolía, que era su canción favorita.

Fue la productora de la comedia musical "Annie" (Anita, La Huerfanita), bajo la dirección artística de Horacio Peterson, con orquesta dirigida por Chuchito Sanoja; del Cascanueces y Memorias de Mamá Blanca.[lii]

XX.4. Mirla Castellanos es el nombre artístico empleado por la cantante, actriz, compositora, locutora y presentadora *Mirla Josefina Castellanos Peñaloza*, quien nació en Valencia, Estado Carabobo, el 31 de marzo de 1941.

Es conocida como "***La Primerísima***" y "***La Primerísima de América***"

Ha sido una de las más exitosas y reconocidas cantantes de habla hispana en las últimas décadas, siendo la única en la historia de Venezuela, hasta ahora, que ha ganado el prestigioso premio Billboard, el cual obtuvo por su álbum "Vuelve Pronto", además de haber obtenido una variedad de reconocimientos y haber compartido escenario con grandes artistas a nivel nacional e internacional. Ha obtenido una serie de triunfos en importantes festivales, contándose entre ellos El  Festival de Benidorm en España, Onda Nueva en Caracas, El Festival de Música de la OTI en México, el Festival de Mallorca y El Festival de Grecia entre otros.

En su memorial artístico se cuentan, entre otros, la interpretación exitosa de los temas "El abuelo", "Vuelve pronto", "Si no estuvieras tu", Mientras te olvido "Muera el amor", "La vida es una tómbola", "Día y noche", "Mi próximo amor", "Porque el amor se va", "Di que no soy yo", "No le hagas lo que a mí", "La noche de Chicago", "Sr. juez" y "Maldito amor", del cual vendió más de 500.000 copias.

Está entre las pioneras de la internacionalización musical de Venezuela desde 1961, con un récord de más de 13 millones de copias vendidas de sus discos.

XX.5. Graciela Naranjo fue una cantante y actriz que nació en Maiquetía, Estado Vargas, el 25 de diciembre de 1916 y falleció en Caracas el 11 de abril de 2001.

Fue pionera, en Venezuela, de la radio, el cine y la televisión.

En 1931 hizo su debut profesional como cantante de boleros. Apareció en películas y tuvo su propio programa de televisión.

Desde mediados de los años treinta hasta finales de los cuarenta, compartió escenario con muchos prestigiosos artistas de Venezuela y de todo el mundo, incluyendo a Ary Barroso, Bobby Capó, Celia Cruz, Wilfredo Fernández, Carlos Gardel,5 Tito Guízar, Agustín Lara, Alfonzo Ortiz Tirado, el Trío Matamoros, Pedro Vargas y la cubana Vieja Trova Santiaguera, entre tantos otros.

Cantó música de diversos compositores, como el mexicano Agustín Lara, y los puertorriqueños Pedro Flores y Rafael Hernández Marín.

XX.6. Conny Méndez fue el nombre artístico empleado por la cantante, actriz y compositora *Juana María de la Concepción Méndez Guzmán*, quien nació en Caracas el 11 de abril de 1898 y falleció en Miami, Estados Unidos, el 26 de noviembre de 1979.

En 1946 fundó el Movimiento de Metafísica Cristiano de Venezuela, difusor de las enseñanzas del Conde de Saint Germain.

Compuso más de cuarenta obras musicales. pero las más conocidas fueron "Venezuela habla cantando" y "La negrita Marisol". Otras de sus composiciones son los temas "Mi alma y yo", "Déjame", "La transformación", "Mal de ojo", "Ranchito", "Tierruca", La plata", "Fruto mestizo", "Allí" y "Macumba".

Realizó giras internacionales ofreciendo conciertos de canto y guitarra

XX.7. Rafa Galindo fue el nombre artístico del cantante *Rafael Ernesto Galindo Oramas*, quien nació en La Victoria, Estado Aragua, el 24 de octubre de 1921 y falleció en Caracas el 25 de mayo de 2010.

Estuvo en actividad desde 1940 hasta 2010.

Fue llamado "***El Ruiseñor de la Radio***", y "***El Trovador de la Radio***".

Trabajó inicialmente con el "Trío Antillano" y luego pasó a formar parte de la "Orquesta de los Hermanos Rivas".

Desde esta agrupación, a la edad de dieciocho años, ingresó a la "Orquesta Venezuelan Boys" y después fue contratado por la orquesta Billo's Caracas Boys en la cual permaneció hasta 1946, cuando había logrado alcanzar prestigio en el público oyente.

De este período inicial son los boleros "Ven", original de Manuel Sánchez Acosta, "Noche de mar", de José Reina y "La cita", de Freddy Coronado.

XX.8. Rosalinda García fue el nombre artístico de la cantante *Rosalinda García Wusthrons*, quien nació en Caracas el 17 de abril de 1946 y falleció en la misma ciudad el 5 de marzo de 1998.

A pesar de ser una cantante lírica interpretó también boleros y música venezolana.

Entre muchos otros éxitos populares, los temas "Hastío" y "Damisela encantadora", de Ernesto Lecuona; "Alma mía" y "Cuando me vaya", de María Grever, "Solamente una vez", "Azul" y "Farolito", de Agustín Lara; "Silencio" y "Noche y día", de Rafael Hernández; "Flores de Galipán", de Juan Avilán; "Panamá viejo", de Ricardo Fábrega, "Naranjas de Valencia", de María Luisa Escobar, y "Voraz", recopilación del maestro Vicente Emilio Sojo..

Grabó los álbumes "Cantares de Venezuela"; "Concierto de Amor", "Clásicos Venezolanos", volúmenes I, II y III; "Perfil Romántico" y "La Reina", etc.[liii]

XX.9. Eduardo Lanz fue un cantante que nació en Caracas el 31 de agosto de 1984, En los inicios de su carrera profesional sintió preferencia por la canción lírica, pero como fuera muy restringido el campo de acción, optó por dedicarse al canto popular. Su nombre de pila era *Eduardo Lanz Rodríguez*.

En 1942 actuó varios meses en Medellín, Colombia, y luego grabó en Bogotá con la orquesta de José María Tena.

En un congreso médico en Caracas lo conoció Alfonso Ortiz Tirado y le propuso contratarlo para que lo acompañara en sus giras y compartiera con él sus contratos. Y lo acompañó durante dos años por Argentina, en donde grabó en 1945 varios boleros de éxito con la orquesta de Víctor S. Lister, entre ellos "Estás en mí", "Nunca mientas", "Compréndeme" y otros. También viajó a Cuba y México con mucho éxito. En México formó parte del elenco de la película "Voces de

Primavera" con Adalberto Martínez "Resortes" y en ese filme Lanz cantó "Amanecer", de José Reina, que ya había grabado a dos voces con Ortiz Tirado en Venezuela. Fue el primer intérprete del "Desesperanza", de María Luisa Escobar.

XX.10. Guillermo Castillo Bustamante fue un músico y compositor que nació en Caracas el 25 de junio de 1910 y fallecido en la misma ciudad el 6 de octubre de 1974.

Compuso más de trescientas canciones, principalmente boleros, uno de los más famosos, "Escríbeme", lo escribió en la cárcel de Ciudad Bolívar cuando era prisionero político de la dictadura del general Marcos Pérez Jiménez.

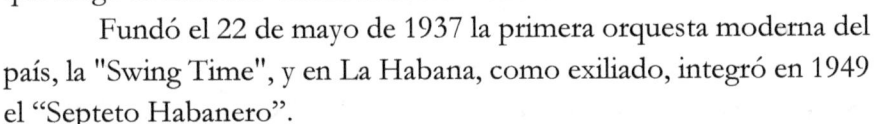

Se inició en el piano a los tres años, y vivió en Nueva York, donde trabajó como pianista acompañante de Tito Guizar en emisoras de radio desde 1929 a 1933, y cuando regresó al país se dedicó a la actividad musical de lleno y a la radiodifusión, como fundador de la emisora "Sello Rojo" que luego se llamaría "Radiodifusora Venezuela".

Fundó el 22 de mayo de 1937 la primera orquesta moderna del país, la "Swing Time", y en La Habana, como exiliado, integró en 1949 el "Septeto Habanero".

Hizo dúos de jazz con Antonio Lauro, el consagrado compositor venezolano de música académica, y creó solos de piano para Pedro Vargas y María Antonieta Pons.

El bolero "Escríbeme" tuvo como primer intérprete a Alfredo Sadel, quien lo dio a conocer en el programa televisivo de Víctor Saume, "El Show de las Doce", que se transmitía en Radio Caracas Televisión.

Además de Alfredo Sadel fue interpretado más tarde, entre muchos otros, por Lucho Gatica, Javier Solís, "Los Cuatro Hermanos Silva", Rosita Quintana, Alfonso Ortiz Tirado, Roberto Yanez y Simón Díaz.[liv]

XX.11. María Luisa Escobar fue el nombre artístico adoptado por la pianista, violinista y cantante lírica *María Luisa González Gragirena*, quien nació en Valencia, Estado Carabobo, el 5 de diciembre de 1898 y falleció en Caracas el 14 de mayo de 1985.

Estuvo entre los fundadores del Ateneo de Caracas, el Ateneo de Valencia y la Asociación Venezolana de Autores y Compositores.

En 1925 grabó como soprano, en México, los discos en "La verdadera española", "Canción de amor", "La golondrina" y "La paloma".

Escribió numerosas canciones, baladas, aires regionales venezolanos, operetas y dramas musicales, pero su obra más conocida fue el bolero **"Desesperanza"**, que interpretó por primera vez el barítono venezolano Eduardo Lanz, grabada y popularizada internacionalmente por Alfredo Sadel y seleccionada como Canción del Año en Venezuela en 1949.

Además de "Desesperanza" compuso los temas "Como la primera vez", "Vente con el alba", "Noches de luna de Altamira", "Contigo", "Orquídeas azules" con letra de Mercedes Carvajal de Arocha (Lucila Palacios); "Luna de Camoruco", "La despedida", "Caribe" que fue tema de presentación de Radio Caracas Televisión durante mucho tiempo; "La luz de mi ciudad", "El marinero", "No puedo olvidarte", "Canción de oro", "Sueño de Bolívar", "Paraguaná", "Curiana", "Orinoco", "Canción del aviador", "Siete lunas", "Siempre", "Aleluya", "Carnaval de candela", "Concierto sentimental", "Vals de concierto", "Petit suite", "Mi general Bolívar" y "Diez canciones sentimentales".[lv]

XX.12. Felipe Pirela fue el nombre artístico empleado por el cantante *Felipe Antonio Pirela Morón*, quien nació en Maracaibo, el 4 de septiembre de 1941 y murió trágicamente en San Juan de Puerto Rico el 2 de julio de 1972. Esa fecha se celebra en el país el Día Nacional del Bolero.

Desde muy niño mostró su talento para la música y cuando apenas tenía 13 años, junto con dos de sus hermanos y vecinos del barrio El Empedrao, de su ciudad natal, conformó la agrupación Los Happy Boys, que interpretaba boleros de reconocidos cantantes como Alfredo Sadel, Olga Guillot y Lucho Gatica.

En 1958 fue uno de los primeros artistas que actuó en la emisora radial marabina "Ondas del Lago", de corta presencia en el espectro radiofónico. En julio de ese mismo año regresó a Caracas y actuó en locales nocturnos y en un canal de televisión.

A su regreso a Maracaibo se incorporó a "Los Peniques". Con esta agrupación se inició como profesional grabando solo dos temas en el único álbum producido por esta agrupación en 1960.

Comenzó a hacerse popular al ser contratado por el músico, director y arreglista de origen dominicano Billo Frómeta para formar parte como bolerista de su afamada orquesta. Alcanzó tanta popularidad que en el programa radial de Billo solo se recibía cartas destinadas al joven artista.

Con la orquesta de tan renombrado músico grabó en 1961 como solista el álbum "Canciones de ayer y hoy", acompañado por las voces de Cheo García y Joe Urdaneta.

Fuera ya de esta agrupación viajó a México, donde realizó presentaciones y grabó su primer álbum titulado "Un Solo Camino: México". En ese país fue proclamado "El Bolerista de América". También apareció el disco "Boleros con Guitarras", el único de esa índole en su historial.

Más tarde realizó giras por Estados Unidos, Colombia, Santo Domingo, Puerto Rico, Ecuador, Perú.

XX.13. Luis Cruz fue un compositor, cantante y guitarrista que nació en Caracas el 17 de julio de 1930 y fallecido la noche del sábado 22 de abril de 2012 en Cabudare, Estado Lara.

A su inspiración se debe el nacimiento de una de las canciones más populares del país, **"Ay que noche tan preciosa"**, presente en todas las fiestas de cumpleaños, con rango mundial en diversas versiones.

Su primer intérprete fue el trío "Los Latinos", bajo su conducción, que compuso por petición que le hiciera la novia de un amigo para su cumpleaños.

Años más tarde Emilio Arvelo pidió grabarla como relleno de uno de sus discos que, como cosa curiosa, fue la única canción que pegó.

También compuso, entre otros temas exitosos. "Dumbi dumbi"- "Desconfiada", con el cual se dictan clases de cuatro, por lo fácil de su interpretación, "La luna y el toro", "Tibisay", que fue a la vez canción y ritmo innovador, primero instrumental, y luego le escribió la letra para el cantante Mario Suárez; "Lamento de una cascada", "Corosito", "Campesinita", "Sendero", "Las corocoras" y "Era ella", entre muchos otros.

Otro de sus aportes a la historia de la música popular en Venezuela fue la creación, junto con Gonzalo Peña y José Petit, de "Los Naipes", agrupación inicialmente trío y luego cuarteto, al incorporar voces femeninas de gran éxito como Mirla Castellanos Mirtha Pérez, Tania Salazar, Oly Monasterios, Milángela, Marlene Perdomo, Nilda López y Estelita del Llano.

Compartió, entre muchos otros personajes importantes nacionales e internacionales del mundo artístico, con Renny Otolina, Alfredo Sadel, Canelita Medina, Lucho Gatica, Javier Solís, Elton John, "Los Cinco Latinos", Johnny Albino, Felipe Pirela, Cherry Navarro, Pedro Vargas, Carmen Delia Dippini, Virginia López, Bobby Capó, José Luis Rodríguez, Lila Morillo, "Los 007", "Los Dart", "Los Impala", Henry Stephen, María Teresa y Rosa Virginia Chacín, Mario Suárez, Mirla Castellanos, César Costa, José Feliciano, Andy Montañés, Oscar D'Leon, "Dimensión Latina", Alicia Plaza y "Los Hermanos Rodríguez".[lvi]

XX.14. Simón Díaz fue el nombre artístico del compositor, cantante, músico y actor *Simón Narciso Díaz Márquez*, quien nació en Barbacoas, Estado Aragua, el 8 de agosto de 1928 y falleció en Caracas el 19 de febrero de 2014.

Se le conoció como "***El Tío Simón***".

Rescató la tonada llanera convencido de que ésta es un aire musical de características únicas, por lo cual se dedicó enteramente a difundirla, estudiarla y componerla hasta constituirla en un auténtico género musical en el que han conseguido expresarse grandes artistas como Mercedes Sosa (Argentina), Caetano Veloso, Iván Lins y Joyce (Brasil), Joan Manuel

Serrat (España), Danny Rivera, Ednita Nazario, Cheo Feliciano y Gilberto Santa Rosa (Puerto Rico) y Franco De Vita (Venezuela), entre otros.

Compartió escenario con Mario Moreno "Cantinflas", Plácido Domingo, Lucho Gatica, Marco Antonio Muñiz, Joan Manuel Serrat, Mercedes Sosa, Atahualpa Yupanqui, entre otros. Además, fue el primer artista venezolano que actuó en "Carnegie Hall" de Nueva York

En 1998 celebró "Los 50 años de Vida Artística".

Su obra más conocida internacionalmente, el pasaje llanero "Caballo viejo", ha sido interpretada, entre otros, por Plácido Domingo, Ray Conniff, Julio Iglesias, Celia Cruz, Rubén Blades, Gilberto Santarrosa, Gipsy Kings, Tania Libertad, María Dolores Pradera, Armando Manzanero, Barbarito Diez, Richard Clayderman, Gipsy Kings, Juanes, entre otros., Ry Cooder, Martirio y Oscar de León.

Este tema tiene más de 350 versiones y ha sido traducido a 12 idiomas.

En 1963 grabó su primer disco, y desde entonces grabó más de 70 volúmenes a lo largo de su carrera como cantante y compositor.

Artistas de la talla de Mercedes Sosa, Joan Manuel Serrat, Danny Rivera, Ednita Nazario, Cheo Feliciano y Franco De Vita, así como destacados directores y compositores de la música académica lograron que sus tonadas adquirieran el carácter universal de un nuevo género musical.

En 2000, lanzó al mercado un álbum de boleros titulado "Amorosamente" en el que recordó canciones que cantó en sus inicios de bolerista: "Noche de ronda", "Mujer", "Palabras de mujer", "Santa" y "Solamente una vez (Agustín Lara); "Escríbeme" (Guillermo Castillo Bustamante); "Enamorado de ti (Rafael Hernández); "Inolvidable" (Julio Gutiérrez); "Para qué recordar" (María Grever); "Quiéreme mucho" (Gonzalo Roig), "El Ciego" (Armando

Manzanero) y "Nunca" (Ricardo López Méndez/Augusto Cárdenas Pinelo).

XX.15. Ítalo Pizzolante fue un compositor y músico que nació en Puerto Cabello, Estado Carabobo, el 2 de diciembre de 1928 y falleció en Valencia el 12 de marzo de 2011.

Su vocación musical comenzó en el hogar.

Con la canción **"Provincianita"** de su autoría, resultó ganador del Primer Concurso de Música Venezolana de la Universidad Central de Venezuela donde se graduó de ingeniero civil.

Representó a Venezuela en 1992 en el Festival del Bolero de La Habana, donde logró el primer lugar.

Su más conocido bolero, "Motivos", compuesto el 1 de diciembre de 1965, como dedicatoria a unos amigos en una fiesta, ha sido interpretado, entre otros tanto por "La Rondalla Venezolana", el "Trío Los Panchos", Chucho Avellanet, Armando Manzanero, Alfredo Sadel, Vicente Fernández y Luis Miguel.

Otro de sus boleros, "Mi Puerto Cabello", tuvo como primer intérprete a Felipe Pirela acompañado de la Orquesta Billo's Caracas Boys.

El 17 de julio de 1998 dicho tema fue declarado Himno Oficial de Puerto Cabello.

XX.16. René Rojas fue un compositor que nació en Campo Elías, Estado Yaracuy, el 2 de agosto de 1928 y murió en Caracas, el 9 de marzo de 2000.

Fue el autor del himno del Colegio de Odontólogos de Venezuela ya que se doctoró en odontología.

A los 19 años compuso su primer bolero, "**Evocación**", que de inmediato se dio a conocer en las voces de Eduardo Lanz y de Mario Suárez.

El 17 de agosto de 1948, conoció al tenor Alfredo Sadel estableciéndose entre ellos una estrecha amistad muy profesional, que lo animó a seguir componiendo otros temas populares.

Así nacieron "Anoche te amé", "Solo en la noche", "Sufre mujer", "Alma pasional", "Clamor", "Déjame olvidar", "Repaso", "Luna callada", "De que vale decirlo", "En cualquier lugar", "Canto triste", "Canción de cuna para la tarde", "Chipolita mía", "Contemplación", "María Margarita", "Paisaje azul", "Mi niña de diez", "Vals para un niño", "A mi jardinera", "Un son para niños antillanos", "Un bolero para el samán de Güere", "El gasero" y otros más.[lvii]

XX.17. Héctor Cabrera fue un cantante y actor que nació en Caracas, el 13 de febrero de 1932 y falleció en la misma ciudad el 8 de junio de 2003.

Se le llamó "***La Voz de Oro de Venezuela***" y "***El Poeta de la Canción***".

En 1949 debutó como profesional con la orquesta de Gerver Hernández en "Radiodifusora Venezuela", continuando luego en los programas "La Caravana Camel", "Desfile Chesterfield" y "Fiesta Fabulosa", de Radio Caracas, acompañado por Billo Frómeta.

En 1951 realizó sus primeras grabaciones con el grupo "Los Juancheros", de Clemente Robaina, patrocinado por la cerveza Polar, tras triunfar en el programa musical "Tribunal del Arte Popular", transmitido en la época por la caraqueña "Radio Continente", con el acompañamiento del para entonces joven músico Aldemaro Romero, quien después sería una de las grandes figuras musicales del país con su primera orquesta.

Formó parte de la agrupación musical de Juan Vicente Torrealba y sus Torrealberos, donde uno de sus éxitos lo logró con el tema "Rosario". En Cuba grabó para el sello Velvet el tema guaraní "El pájaro chogüí", que se convirtió en el más grande éxito de la época en toda Latinoamérica.

Más tarde comenzó una gira internacional que lo llevó a actuar en escenarios de México, Estados Unidos y Europa y al regresar a Venezuela se encontró grabó a dúo con Mirtha Pérez el bolero "Acompáñame".

En 1970 obtuvo en Buenos Aires el primer lugar del IV Festival de la Canción, con el tema "Las cosas que me alejan de ti".

Fue el ganador del "Primer Festival de la Voz de Oro de Venezuela" en 1969 en Barquisimeto.

Grabó más de mil canciones para los sellos Velvet, Sonus, RCA Víctor, Music Hall (Argentina), Discorona, Basf, Discomoda, Suramericana del Disco y Manoca, entre otros.[lviii]

XX.18. Marco Tulio Maristany fue un cantante y guitarrista que nació en Valencia, el 25 de abril de 1916 y falleció en Caracas el 28 de mayo de 1984. Cantante y guitarrista.

Inició su carrera artística a los 15 años y la última presentación tuvo lugar en el Banco Central de Venezuela.

Formó parte del Trío Los Cantores del Trópico, con quienes viajó por gran parte de Latinoamérica y tuvo su Trío Maristany.

Fue artista de RCA Víctor, y Odeón en Argentina, entre otros. También cantó en las orquestas de Luis Alfonzo Larraín, Ulises Acosta, Luis María Billo Frómeta, Efraín Orozco y Aldemaro Romero y muchas otras.

Desde 1952 hasta 1964 mantuvo en Radio Caracas Radio el programa "Canciones Bajo las Estrellas".

Popularizó los boleros "Serenata", "Esclavo", "Una canción", "Cuando te veo a mi lado" y "Eclipse", entre muchos otros.[lix]

XX.19. Mario Suárez fue el nombre artístico del cantante *Mario Enrique Quintero Suárez*, quien nació en Maracaibo el 19 de enero de 1926 y falleció en la misma ciudad el 14 de noviembre de 2018.

Interpretó música llanera y boleros.

Muy joven se residenció en Caracas, donde actuó como cantante en ferias y programas radiales de aficionados.

En 1947 firmó su primer contrato de grabación con la empresa estadounidense "Coda Records Company" con la que grabó su primer

disco de 78 rpm y 10 pulgadas, con los temas "Pena Goajira", del compositor venezolano José Reyna, y "Adiós" del también venezolano el músico Ángel Briceño.

Luego incursionó con diversas agrupaciones musicales del país produciendo la grabación de varios boleros, entre los que destacaron "No me sigas mirando", compuesta por el director de orquesta Luis Alfonzo Larrain, "Desesperación", de Guillermo Castillo Bustamante, y, "Nocturnal", de José Mojica y José Sabre Marroquín.

Con Aldemaro Romero y su orquesta grabó entre otros el vals "Morir es nacer", de Rafael Andrade y Manuel Rodríguez Cárdenas.

Popularizó los temas "Mujer llanera", "Rosa Angelina", "Madrugada llanera", "Sabaneando", "El beso que te di", "Aquella noche", "Campesina", "Arpa", "Testigo de un romance", "Barquisimeto", "La potranca zaina", "La paraulata", "Atardecer larense", "Amores de mi tierra", "Luz de luna", "Desilusión", "Por el camino", "Nunca sabré", "Canta claro", "Nunca sabré", "Moliendo café", "Morir es nacer", "Ayúdame Dios mío", "Adiós", "Tu boca", "Nocturnal", "Desesperación" y "No me sigas mirando", entre muchos otros.

XX.20. Rosa Virginia Chacín es una cantante, economista y administradora comercial que nació en Caracas el 9 de junio de 1940.

Se le conoce como *"La Voz Más Dulce de Venezuela"*

Comenzó sus actividades musicales en 1958 cuando el poeta y compositor venezolano José Enrique "Chelique" Sarabia descubrió su talento en un evento de estudiantes de la Universidad Central de Venezuela.

Se ha presentado en vivo a lo largo y ancho Venezuela, a través de la radio y todas las estaciones de televisión venezolanas y ha grabado decenas de discos de larga duración y discos compactos. También la belleza de su canto se ha dado a conocer fuera de las fronteras venezolanas, como embajadora de nuestra música.

Su primer álbum tuvo como título "Alma Juvenil", al que siguieron, entre muchos otros, "Si te vas de mi", "Un momento contigo", "La voz más dulce de Venezuela" y "Mi propio yo".[lx]

XX.21. María Teresa Chacín es una cantante productora, animadora, cuatrista y psicóloga que nació en Caracas el 22 de enero de 1945.

Tiene en su haber la grabación de más de 50 discos del folklore venezolano y romántico latinoamericana entre formatos LP y CD acompañada por reconocidos músicos como Juan Vicente Torrealba, Chelique Sarabia, Armando Manzanero, el guitarrista Rodrigo Riera y

Aldemaro Romero al dirigir en una de sus grabaciones a la Orquesta Sinfónica de Londres.

Fue la primera venezolana ganadora de un Premio Grammy Latino.

Su carrera como intérprete comenzó en 1963 al formar parte del Orfeón Universitario de la Universidad Central de Venezuela, destacándose durante 8 años como solista.

El 29 de noviembre de 1993, la Concha Acústica de Anaco, Estado Anzoátegui, por decisión unánime de la Cámara Municipal, se inauguró con el nombre de "Concha Acústica María Teresa Chacín" y el 17 de julio de 2002 fue designada Huésped de Honor del Municipio Cocorote del Estado Yaracuy.

Su discografía comprende, entre muchos otros, los álbumes "Canta para ti". "Todo me es igual", "María Teresa y sus éxitos", "Rosas en el mar" y "Canta con María Teresa".[lxi]

XX.22. Estelita del Llano es el nombre artístico de la cantante y actriz *Berenice Perrone Huggins*, quien nació en Tumeremo, Estado Bolívar, el 28 de septiembre de 1937.

Se le conoce como "**La Reina del Bolero**", dándose a conocer en un concurso de "Radio Cultura", de Caracas.

Integró el quinteto "Los Zeppys".

Entre sus grandes éxitos se encuentra un bolero de largo nombre, "Tú sabes que te quiero y sabes que te adoro", arreglado por Jhonny Quiroz que en su voz se redujo a "Tú sabes", grabado en 1963 con el sello RCA Víctor, única estrella, entonces de esa disquera.

"Quisiera preguntar", "Quien tiene tu amor", "Esta casa", "Desesperadamente" y "El viaje", además de "Tú sabes" forman parte de su repertorio que la consagraron.[lxii]

XX.23. José Luis Rodríguez es un cantante, productor discográfico, actor y empresario. que nació en Caracas el 14 de enero de 1943.

Se le conoce como "*El Puma*".

Sus inicios como cantante se produjeron en el conjunto de voces juveniles denominado "Los Zeppy", donde reemplazó al vocalista Ariel Rojas.

Su primer disco solista para el sello venezolano "Velvet" en formato LP titulado "Chelique Sarabia presenta su nueva voz: José Luis Rodríguez" tuvo poca aceptación en el público.

En septiembre de 1963 reemplazó al bolerista Felipe Pirela en la Orquesta Billo's Caracas Boys. Allí permaneció cuatro años interpretando boleros y ocasionalmente merengue dominicano, música navideña y cha-cha-chá, viajando por el Caribe, Centro y Sudamérica grabando unos 6 LP y algunos sencillos, los cuales constaron de 34 canciones y 9 mosaicos de temas bailables diversos.

En septiembre de 2005 presentó el álbum "15 éxitos de José Luis Rodríguez", contentivo de sus más sonados éxitos desde los inicios de su internacionalización, en nuevas versiones, respaldado por el sello estadounidense Líderes Entertainment.

También, entre muchos otros, grabó los álbumes, "Voglio conquistarti", "El último beso", "Señora Bonita#, "Homenaje a José Alfredo Jiménez", "Inolvidable", "Interpreta Manuel Alejandro", "Boleros de siempre" y "Dos clásicos".

Referencias

[i] RPM: Revolución por Minuto
[ii] Fuentes: Ecured.cu y Wikipedia
[iii] Fuente: Wikipedia
[iv] Fuente: Wikipedia
[v] Fuente: Wikipedia
[vi] Fuentes: https://music.aple.com y Wikipedia
[vii] Fuente: http://sandritocubanito.blogspot.com
[viii] Fuente: https://ecured.cu
[ix] Fuente: https://ecured.cu
[x] Fuente: Wikipedia
[xi] Fuente: Wikipedia
[xii] Fuente: Wikipedia
[xiii] Fuente: Wikipedia
[xiv] Fuente: Wikipedia
[xv] Fuente: Wikipedia
[xvi] Fuente: Wikipedia
[xvii] Fuente: https://ecured.cu
[xviii] Fuente: Wikipedia
[xix] Fuentes: Ecured y Wikipedia
[xx] Fuente: Wikipedia
[xxi] Fuente: Wikipedia
[xxii] Fuente: Wikipedia
[xxiii] Fuente: Mario Zaldívar. Costarricenses en la Música
[xxiv] Fuente: Radio ACAM
[xxv] Fuente: Radio ACAM
[xxvi] Fuente: http://www.canara.org/component/content/article/903-panorama/capsulas/592-jorge-duarte.
[xxvii] Fuente: https://www.culturacr.net/los-10-grandes-boleros-costarricenses/
[xxviii] Fuentes: El Comercio, El Universo, Wikipedia
[xxix] Fuente: Wikipedia
[xxx] Fuentes: El Blog del Bolero, Wikipedia
[xxxi] Fuentes: Jesús Rincón Murcia, texto en la Web del 4 de junio de 1991. Wikipedia.
https://www.radionacional.co/noticia/musica/   https://borradopedia.com/index.php
https://narinoacf.blogspot.com
https://caracol.com.co/radio

[xxxii] Fuentes: Pedro Delgado Malagón. "El bolero dominicano de 1930 a 1960". http://www.elcaribe.com, 28 de enero de 2014.
Gustavo Olivo Peña. "Maestro Papa Molina, un dominicano grande entre los grandes". Acento, 29 de septiembre de 2011.
Wikipedia, la enciclopedia libre.
Historia Dominicana en Gráficas, 18 de agosto de 2017.

[xxxiii] Fuentes: Redacción Digitsl La Estrella. El Blog del Aguijón Musical. De Música y algo más

[xxxiv] Fuentes: Edwin Ricardo Pitre Vásquez. "El bolero panameño Poesía y sentimiento", https://www.academia.edu
"Panamá tendrá su festival de Bolero". La Prensa, 17 de abril de 2002.

[xxxv] Fuente: Gloria Acosta, 28 de Marzo de 2019

[xxxvi] Fuente: Wikipedia

[xxxvii] Fuente: Wikipedia

[xxxviii] Fuente: Wikipedia

[xxxix] Fuentes: http://adiolakalle.pe/los-hermanos-castro.   https://www.facebook.com

[xl] Fuentes: Asociación Peruana de Autores y COmpositores. El Rincón del Bolero

[xli] Fuente: Wikipedia

[xlii] Fuente: https://larepublica.pe

[xliii] Fuente: Asociación Peruana de Autores y Compositores.

[xliv] Fuente: Wikipedia

[xlv] Fuente: https://www.last.fm/es/music/Charlie+Figueroa   https://acme-cali.jimdo.com/puerto-rico/charlie-figueroa/

[xlvi] Fuente: http://www.kooltouractiva.com

[xlvii] Fuente: https://prpop.org/biografias/virginia-lopez/

[xlviii] Fuente: http://dawn.over-blog.es/article-rafael-mu-oz-y-su-orquesta.

[xlix] Fuente: http://triosmusicales.tripod.com/triosprincipalespr.htm

[l] Fuentes: http://amatitlanesasi.blogspot.com
Pablo Juárez. "Fallece el cantante César de Guatemala, autor e intérprete de Mi Plegaria". Prensa Libre, 27 de diciembre de 2018.

[li] Fuentes: direcciondelasartes.blogspot.com.
https://wikiguate.com.gt/coro-nacional-de-guatemala/

[lii] Fuentes: "Fundadora de las Voces Blancas Falleció Elisa Soteldo". *Correo del Orinoco*, 23 enero, 2016 12:38.
Venezuela e Historia, 21 de enero de 2017.

[liii] Fuentes: https://melomanoincurable.wordpress.com.
http://cantoliricovenezolan.wix.com.
www.eglycolinamarin.com.
http://cantoliricovenezolan.wix.com.

[liv] Fuentes: cancionescribeme.blogspot.com. Wikipedia
[lv] Fuentes: orinocopadrerio.blogspot.com
   venciclopedia.com/index.php?title=María_Luisa_Escobar
   Wikipedia
[lvi] Fuente: https://elblogdelbolero.wordpress.com/
[lvii] Fuente: www.sacven.org.
[lviii] Fuente: http://www.musica.com.
www.emol.com.
www.ucla.edu.ve.
https://elblogdelbolero.wordpress.com.
http://elultimoromanticoradio.blogspot.c0m
[lix] Fuente: Venezuela e Historia, 27 de mayo de 2018.
   Orinoco Padre Río.
[lx] Fuentes: http://orinocopadrerio.blogspot.com.
   www.rosavirginiachacin.com.
   http://barraezo.blogspot.com.
[lxi] Fuentes: El Nacional.com.
música.com.
Wikipedia
[lxii] Fuentes: buenamusica.com
   elblogdelbolero.wordpress.com

www.ingramcontent.com/pod-product-compliance
Lightning Source LLC
LaVergne TN
LVHW012252070526
838201LV00111B/337/J